はじめての特別支援学級 12か月の仕事術

小学校 知的障害特別支援学級 自閉症・情緒障害特別支援学級

喜多好一・大関浩仁
特別支援教育の実践研究会 編著

明治図書

はじめに

「障害児教育に携わるとやめられないよ」

私が新規採用で知的障害特別支援学級の教員に配属になった際，力のある先輩の先生からかけられた言葉です。通常の学級担任として，大人数の子供たちの成長を促す楽しさは知っていましたので，その当時はあまりピンときませんでした。しかし，その後，特別支援学級担任として障害のある子供一人一人とじっくり関わるなかで，その意味が理解できるようになりました。障害のある子と関わることが「教育の原点」とよく言われていましたが，まさしく実感できたからです。障害のある子のくったくない笑顔，感受性の豊かな表現，素直さなどのよさに触れながら，保護者と共に成長を喜び合える素晴らしさを味わえたことや個々に合わせたオーダーメイドの教育のおもしろさにはまってしまいました。障害児教育に魅了されたのです。

もし，特別支援学級の担任としてこれから一歩を踏み出すのであれば，目の前の子供に教育的な愛情を注ぎ，その子の成長を促す手立てを精一杯うってみてください。特別支援教育の醍醐味やその本質に触れることができるはずです。

現在，通常の学級には発達障害やその傾向のある子供が増加し，在籍率が8.8％に達しています。さらに，学びの場の検討が必要な子，不登校傾向の子，教室にいられない子，ギフテッド，養育に課題のある子等，多様な背景を抱えた子も在籍しています。これからの教師には，そのような多様性に富んだ子供たちを理解し，包摂的な学級づくりができる力量が求められています。この力は容易には身につきませんが，そのきっかけになるのが，特別支援教育での経験にあります。障害のある子のアセスメント，個に応じた支援や指導法などを経験し，学ぶことが多様性に富んだ子供たちへの教育に生かされると思うからです。

皆さんのなかには，はじめて特別支援学級担任として着任して，やる気に満ちている先生がいる一方で，専門性が乏しいから自信がもてない先生も多いのではと推察します。本書は，そのような先生方が特別支援学級担任としての１年間を見通せる図書『はじめての〈特別支援学級〉12か月の仕事術』として刊行いたしました（2017年に出版した『はじめての〈特別支援学級〉学級経営12か月の仕事術』を時代に合わせて全面改訂しました）。

本書には，新学期から年度末までの知的障害特別支援学級，自閉症・情緒障害特別支援学級の担任として押さえておきたい学級経営のポイントと具体的な指導内容・方法を月ごとに掲載しています。学級経営等で困ったときには本書を手元において，関係するページを開いて活用していだければ幸いです。特別支援学級を長年経験してきた全国の先輩方からの熱いエールと具体的なアドバイスが届くと思います。

編著者を代表して　喜多　好一

Contents

はじめに　003

第1章
必ず成功する！
新学期の準備と基礎知識

知的障害特別支援学級

新学期に向けての準備・心構え ……………………………………………… 010

学級開きで大切にすること ……………………………………………… 011

12か月の流れ例 ……………………………………………… 012

1週間の流れ例 ……………………………………………… 014

ある1日の仕事と見通しのもち方・仕事の進め方 ……………………………………………… 016

自閉症・情緒障害特別支援学級

新学期に向けての準備・心構え ……………………………………………… 018

学級開きで大切にすること ……………………………………………… 019

12か月の流れ例 ……………………………………………… 020

1週間の流れ例 ……………………………………………… 022

ある1日の仕事と見通しのもち方・仕事の進め方 ……………………………………………… 024

入学式・始業式までにしておくべきこと ……………………………………………… 026

教室環境＆レイアウト・グッズ ……………………………………………… 030

第2章
必ず成功する！
12か月の仕事術

4月

今月の見通し	安心できる教室で学びスタート	036
教室掲示	自己紹介カードと自画像・誕生日列車	038
学校生活に関わる指導	歓迎の気持ちを表す教室環境の整備	040
	わくわく前向き，学級開き	042
	つなぎを大切に！朝の会・帰りの会	044
	自分の役割を選んで果たす給食・掃除	046
	自立の第一歩，登下校	048
子供理解	子供のアセスメント 知的 自・情	050
	個別の教育支援計画と個別の指導計画の作成	052
	子供との関係づくり 知的 自・情	054
交流学習	交流及び共同学習計画の作成・打ち合わせ 知的 自・情	056
	校内の協力体制の構築	058
	委員会・クラブ活動への参加	060
行　事	入学式・始業式への参加	062
	１年生を迎える会への参加	064
保護者や関係機関との連携	出会いの学級懇談会　保護者面談，家庭訪問	066
	連絡帳，学級通信による連携	068
その他	諸帳簿の整備	070
	学級経営案の作成 知的 自・情	072
	年間指導計画の作成 知的 自・情	074
	授業づくり 知的 自・情	076
	タブレットの活用	078

Contents 005

5月

今月の見通し	ルールの再確認と行事への円滑な参加	080
教室掲示	運動会に向けての掲示と事後の図工作品	082
子供理解	学級の仲間づくり	084
交流学習	障害児理解教育 知的 自・情	086
	交流及び共同学習　交流活動と交流学習の進め方	088
行　事	運動会への参加	090
	春の遠足等の校外学習の計画と実施	092
	安全教育	094
保護者や関係機関との連携	授業参観 知的 自・情	096
その他	特別支援学級の家庭学習	098
	学習指導案のつくり方	100

6月

今月の見通し	高温多湿時の健康管理と安全な水泳指導	102
教室掲示	梅雨の掲示と休み時間の遊び	104
交流学習	共同学習の進め方 知的 自・情	106
行　事	プールでの学習準備と実施	108
	宿泊学習への参加	110
保護者や関係機関との連携	特別支援学校との連携	112

7・8月

今月の見通し	学習のまとめと夏休みの過ごし方	114
教室掲示	七夕の掲示とひまわり畑	116
子供理解	夏休みの生活	118
交流学習	交流学級との関わり方	120
保護者や関係機関との連携	校内委員会との連携	122
その他	通帳表の作成	124

9月

今月の見通し	夏休み明け指導と引き渡し訓練	126
教室掲示	コスモス畑と秋の虫	128
子供理解	夏休み明けの子供理解の在り方	130
保護者や関係機関との連携	避難訓練・引き渡し訓練への参加	132

10月

今月の見通し	行事を活用した目標づくり	134
教室掲示	遠足に向けての掲示と動物園の絵	136
交流学習	各学年の社会科見学などの校外学習への参加	138
行　事	連合行事会への参加	140

11月

今月の見通し	一人一人が輝ける発表会	142
行　事	学芸会・展覧会・音楽会などへの参加	144
保護者や関係機関との連携	保護者面談	146

12月

今月の見通し	2学期までのまとめ	148
教室掲示	もみの木の掲示と図工作品「リース」	150
その他	次年度の教育課程づくり	152

1月

今月の見通し	3学期のはじまりを意識	154
教室掲示	書き初めと節分の掲示	156
行　事	書き初め展への参加	158

2月

今月の見通し	１年間のまとめと卒業・進級準備	160
教室掲示	特別支援学級作品展の掲示	162
交流学習	交流及び共同学習のまとめ	164
行　事	卒業生を送る会への参加	166
	お別れ遠足の計画と実施	168
保護者や関係機関との連携	年度末の保護者会・保護者面談	170

3月

今月の見通し	進学・進級への期待と意欲	172
学校生活に関わる指導	終わりははじまり，学級じまい	174
子供理解	指導記録のまとめ	176
	個別の教育支援計画の追記	178
交流学習	次年度の交流及び共同学習の立案	180
行　事	卒業式への参加	182
保護者や関係機関との連携	次年度へ向けて	184
その他	次年度への引継ぎ文書の作成	186

執筆者紹介　　188

第1章

必ず成功する！
新学期の準備と
基礎知識

知的障害特別支援学級

新学期に向けての
準備・心構え

前田　三枝

まずは知ること！　見てみよう！

　はじめて特別支援学級を担任する先生方は，きっと「どうしたらよいのだろう」と不安を感じていることと思います。何もわからない状態で進んでいくのは誰でも不安なものです。事前に知ることで少し不安が解消されるのではないかと思います。

　まずはこれから過ごす教室を見に行ってください。在学中の子供だったら，今過ごしている教室での様子を見ると，どのように過ごしているのかが少し見えてくるのではないでしょうか？「机は壁に向いている配置だから，何もない方が落ち着くのかな？」とか「絵本が好きなのかな？　宇宙が好きなのかな？」などと気づくことがあるのではないでしょうか？　学級全体として，どんな過ごし方をしているのかもわかると思います。学習の成果物も残っていたら見るとよいでしょう。例えば図画工作科の作品なら，色遣いや題材からその子の好きなものがわかるかもしれません。テープやハサミの使い方の様子もわかるかもしれません。「どんな子なのかな？　好きなことは何かな？」と想像力を働かせながら見てみてください。もっと知りたいと思うことがはっきりしてくると思います。

　これから自分が担当する子供や学級のことがわかる資料も見てみましょう。教育委員会からの入級資料，前年度の個別の指導計画・個別の教育支援計画と評価，前年度の担任や園などからの引継ぎ資料などです。診断名や発達検査数値などが書かれているかもしれません。それも大事ですが，「得意なこと」「好きなこと」「できていること」などに目を向けましょう。特に関係づくりの最初の段階では，上記の３つがとても大事になります。

周りの教職員に聴いてみよう〜出会いの日に向けて，きっかけになりそうな情報収集〜

　昨年のことを知っている教職員がいたら「どんな子ですか？」と聴いてみてください。前担任だけでなく，用務員さんや登下校を見守ってくれている方などの立場が違う人にも聴いてみるとよいです。「挨拶するのが好きな子だよ」「朝はちょっと眠そうだね」「近所の友達と一緒に楽しそうに登校してくるよ」など，資料ではわからないことも聴けるかもしれません。

学級開きで大切にすること

前田　三枝

出会いを大切に

　始業式・入学式は，出会いの場です。わくわくした気持ちと心配な気持ちが入り混じっていると思います。それは子どもも大人も同じです。初日を「これから楽しみだなあ」と思わせることが大事です。初日のあまり時間のないところでどれだけよい印象をもたせるかが大切だと思っています。私は，私の顔写真と簡単な自己紹介，クイズなどを載せた簡単な学級通信を作っておき，渡すようにしています。子どもたちの好きなものの情報がわかっていたら，心をくすぐるようなクイズが作れるかなと思います。入学式の場合は，はじめてのことで見通しがもてずに不安になる子もいます。下見や練習をする機会をつくって教室や体育館を案内しながら，少し一緒に遊んだりおしゃべりをするのも大切です。「この先生，おもしろそう」「安心できる」と思わせたら，ばっちりです。

楽しい時間を！　楽しい授業・安心できる時間をつくる

　最初の1週間は，特に楽しい時間をつくることに徹します。「この先生と一緒に勉強するとおもしろいぞ」「明日は何をやるのかな？」と思ってもらえるような授業を準備します。例えば，国語科の導入で体を動かしながらの言葉遊びをしたり，算数科で食べ物模型を使って買い物ごっこをしたり，理科や図画工作科で短い時間でできて遊べて持ち帰ることができるような物作りをしたり。「できた」「わかった」「楽しい」と思える時間をつくります。

不安な気持ちは伝わります　どーんと構えて！

　はじめてで不安なことはあるかもしれませんが，どーんと構えてください。先生の不安そうな表情は伝わります。「私は俳優！」と思って自信をもって過ごしてください。

第1章　必ず成功する！　新学期の準備と基礎知識　011

知的障害特別支援学級

12か月の流れ例

前田　三枝

学習単位		4月	5月	6月	7・8月	9月
学校行事		始業式, 入学式, 家庭訪問, 個人面談, 学年学級懇談会, 授業参観, 健康診断		5年宿泊学習 プール開き	個人面談（3期制の場合は評価の説明）	個人面談（2期制の場合は評価の説明）
特別支援学級行事		家庭訪問, 個人面談（指導計画作成に向けて）特別支援学級懇談会	個人面談（計画の説明, 5・6年進路相談）	来年度入級希望者学校見学会	個人面談（3期制の場合は評価の説明, 5・6年進路相談）	個人面談（2期生の場合は評価の説明と後期計画作成に向けて）
日常生活の指導	生き物の世話	栽培活動, 飼育活動（メダカや昆虫の世話, 植物の水やり・収穫）				
	朝の会	スケジュールの確認, 日直の仕方, 読み聞かせの聞き方, カレンダーの見方, スピーチの仕方, 話の聴き方, 質問の仕方, 今月の歌				
	身辺処理	着替え（靴の着脱, 体操着の着脱）, 排泄（大, 小）, 食事, 手洗い, 身だしなみ, 鼻のかみ方, うがい, 歯みがき				
	生活技能	給食の配膳, 清掃, 荷物整理, 後片づけ, 話の聴き方, 集団行動, 時間のけじめ, 登下校の仕方, 手紙やハガキの書き方, 衣服のたたみ方				
国語		相手にわかるように話す, 大事なことを落とさないで聞く, 必要なメモや手紙・絵日記・日記を書く, 言葉遊び（3ヒントクイズやビンゴなど）, スピーチ活動				
算数		基礎的な数概念の形成（お金の支払い, 時計の見方, 簡単な四則計算, 長さ・重さ・かさなどの測定）				
生活単元学習・生活科・理科・社会	お楽しみ会	入学・進級おめでとうの会をしよう		夏のお楽しみ会をしよう		
	科学的な活動	春を探そう	風の不思議	色水のふしぎ	夏を探そう	空気と水の力
	栽培活動	野菜を育てよう（ミニトマト, ナス, ピーマン, カボチャ, サツマイモ）・・・・・・収穫・・・・・・・・・				
	買い物学習	模擬スーパーでの買い物練習, 実際のお店での買い物学習				
	調理, 会食活動					野菜の調理
	探検	学区内探検（校内）		学区内探検（公園, 近くの店）		買い物学習
音楽	音楽ムーブメント 楽器演奏, 歌	音楽に乗って動く, 曲に合わせてたたく・動く（スカーフ, フラッグ, リング, ポンポン, バトン）, リズム遊び（タンブリン, 鈴, トライアングルなどの打楽器）, 音遊び, 楽器演奏（鍵盤ハーモニカ, リコーダー）, 今月の歌, 手遊び歌, ダンス, 各学年の歌				
体育	いろいろな集団遊び, 体力作り	室内集団遊び	かけっこ, リレー	ボール運動	水遊び, 水泳, 的当て	水遊び, 水泳, 風船バレー
図工	手指・道具の使い方	紙をちぎる・ねじる, ハサミで切る, テープで貼る, のりで貼る, 色塗り, 絵の具を使う　など				
	季節の飾り作り	自己紹介飾り, こいのぼり	プレゼント作り, かざぐるま	絵の具（あじさい）	七夕飾り	絵の具（花火）, 風鈴
道徳		C(14)よりよい学校生活, 集団生活の充実 A(3)節度, 節制	B(8)礼儀 B(9)友情, 信頼	A(1)善悪の判断, 自律, 自由と責任 D(17)生命の尊さ	C(10)規則の尊重 C(13)家族愛, 家庭生活の充実	D(18)自然愛護 B(6)親切, 思いやり
外国語	英語を使うことに楽しむ	挨拶	数, 色	食べ物	動物	アルファベット
自立活動	身体の動き	シール貼り, 色塗り, ひも結び, ボタンはめ, 型はめ, ペグさし, ひも通し, ビーズ通し, 紙切り, 紙ちぎり, 釘打ち, ボルトはめ, 粘土遊び, フィンガーペインティング, 縫い物, 編み物　など 走る, 歩く, ジャンプ, ストレッチング　など				
	コミュニケーション, 人間関係の形成	自己紹介, 挨拶, 学校のきまり, 遊びのルール, 話し方　など				
		挨拶, 友達のことを知ろう	クラスの旗作り	気持ちのよい言葉遣い	お願いの仕方	ジェスチャーゲーム

10月	11月	12月	1月	2月	3月
授業参観, 懇談会	運動会 6年修学旅行	個人面談	書き初め展 授業参観	入学説明会	懇談会 卒業式, 修了式
特別支援学級懇談会, 進路説明会 6年進路相談		遠足 個人面談（計画の見直し）	来年度入級児童授業体験	来年度入級児童授業体験	個人面談（評価, 来年度に向けて） ありがとうの会
栽培活動, 飼育活動（メダカや昆虫の世話, 植物の水やり・収穫）					
スケジュールの確認, 日直の仕方, 読み聞かせの聞き方, カレンダーの見方, スピーチの仕方, 話の聴き方, 質問の仕方, 今月の歌					
着替え（靴の着脱, 体操着の着脱）, 排泄（大, 小）, 食事, 手洗い, 身だしなみ, 鼻のかみ方, うがい, 歯みがき					
給食の配膳, 清掃, 荷物整理, 後片づけ, 話の聴き方, 集団行動, 時間のけじめ, 登下校の仕方, 手紙やハガキの書き方, 衣服のたたみ方					
相手にわかるように話す, 大事なことを落とさないで聴く, 必要なメモや手紙・絵日記・日記を書く, 言葉遊び（3ヒントクイズやビンゴなど）, スピーチ活動					
基礎的な数概念の形成 （お金の支払い, 時計の見方, 簡単な四則計算, 長さ・重さ・かさなどの測定）					
	冬のお楽しみ会をしよう			ありがとうの会をしよう	
秋を探そう	磁石の不思議	明かりの不思議	冬を探そう	水の不思議	おもしろ実験
‥‥‥収穫‥‥‥野菜, 花を育てよう（チューリップ, 菜の花, ブロッコリー, ダイコン, パンジー）‥‥‥（開花, 収穫）					
模擬スーパーでの買い物練習, 実際のお店での買い物学習					
	サツマイモの調理				野菜の調理
学区内探検 （スーパーマーケット）	買い物学習	学区内探検(郵便局), 見学の仕方, バスの乗り方		学区内探検 （スーパーマーケット）	買い物学習
音楽に乗って動く, 曲に合わせてたたく・動く（スカーフ, フラッグ, リング, ポンポン, バトン）, リズム遊び（タンブリン, 鈴, トライアングルなどの打楽器）, 音遊び, 楽器演奏（鍵盤ハーモニカ, リコーダー）, 今月の歌, 手遊び歌, ダンス, 各学年の歌					
縄跳び, 縄遊び, 鉄棒	ダンス, 表現	バドミントン	マット運動, 跳び箱運動	ゲートボール	室内集団遊び
紙をちぎる・ねじる, ハサミで切る, テープで貼る, のりで貼る, 色塗り, 絵の具を使う　など					
絵の具（ぶどう）	秋のリース作り	冬の飾り作り	鬼のお面	おひなさま	お祝いの飾り
C(11)公正, 公平, 社会正義 A(1)善悪の判断, 自律, 自由と責任	A(5)希望と勇気, 努力と強い意志 C(12)勤労, 公共の精神	C(16)国際理解, 国際親善 C(15)伝統と文化の尊重, 国や郷土を愛する態度	C(11)公正, 公平, 社会正義 D(19)感動, 畏敬の念	A(2)正直, 誠実 A(4)個性の伸長	B(7)感謝 A(5)希望と勇気, 努力と強い意志
秋の行事	スポーツ	冬の行事	体の部位	道案内	春の行事
シール貼り, 色塗り, ひも結び, ボタンはめ, 型はめ, ペグさし, ひも通し, ビーズ通し, 紙切り, 紙ちぎり, 釘打ち, ボルトはめ, 粘土遊び, フィンガーペインティング, 縫い物, 編み物　など					
走る, 歩く, ジャンプ, ストレッチング　など					
自己紹介, 挨拶, 学校のきまり, 遊びのルール, 話し方　など					
上手な断り方	自分のことを知ろう	いいところ探し	気持ちの伝え方	感謝の気持ちを伝えよう	

知的障害特別支援学級

1週間の流れ例

前田　三枝

【知的障害特別支援学級　日課表】例：高学年児童の時間割

	月	火	水	木	金
朝	児童登校・健康観察・スケジュール確認				
8:30〜8:40	読書タイム	朝会・集会	―	学級タイム	読書タイム
8:40〜8:45	交流学級にて朝の会				
①9:00〜9:30	スケジュール確認 課題別学習（国語・算数など）・植物の水やり・生き物の世話　など				
	小集団　朝の会				
	国語 言葉の学習	国語 言葉の学習	国語 言葉の学習	国語 言葉の学習	自立活動 仲間作り
②9:30〜10:15	国語 特別支援学級	国語（書写） 特別支援学級	社会 特別支援学級 または交流学級	音楽 特別支援学級 または交流学級	道徳 特別支援学級
	中休み				
③10:40〜11:30	算数 特別支援学級	算数 特別支援学級	理科 特別支援学級 または交流学級	家庭科 特別支援学級 または交流学級	図画工作 特別支援学級 または交流学級
④11:30〜12:15	体育 特別支援学級 または交流学級	体育 特別支援学級 または交流学級	国語 特別支援学級	算数 特別支援学級	算数 特別支援学級 または交流学級
給食12:15〜13:00	交流学級で 給食	交流学級で 給食	特別支援学級で 給食 （配膳・会食）	特別支援学級で 給食 （配膳・会食）	交流学級で 給食
清掃13:00〜13:15	交流学級または 特別支援学級で 清掃	交流学級または 特別支援学級で 清掃		特別支援学級で 清掃	交流学級または 特別支援学級で 清掃
	昼休み				
⑤13:30〜14:15	音楽 特別支援学級 集団	外国語 特別支援学級 集団	総合 特別支援学級 または交流学級	国語 特別支援学級 または交流学級	図画工作 特別支援学級 集団
⑥14:15〜15:00	総合 特別支援学級 または交流学級	自立活動 特別支援学級	算数 特別支援学級	クラブ活動 委員会活動	国語 特別支援学級
帰り	交流学級または特別支援学級にて帰りの支度・帰りの会に参加・下校				

特別支援学級の集団学習については，教科・内容に変更あり。

学級の様子

　現在は25名が在籍しており，４名の担任で担当しています。全学年が在籍しており，子供の状態も多様です。知的障害の診断とともに，自閉的傾向や多動など別の診断を併せもっている子もいます。はじめてのことに不安があったり，過去の経験からいろいろなことに自信がもてなかったりする子もいます。対人関係面での課題がある子供もいます。日常の会話が可能な子もいますし，発語が少なく単語や発声・身振り手振りで思いを伝える子もいます。身辺自立ができている子もいますし，日常生活面での介助が必要な子もいます。

週時程の工夫と子供の動き

　子供それぞれの交流学級の時間割を基本としています。特別支援学級で行う主担当教員と一緒に学習する個別学習の時間や小集団で集まって学習する時間，交流学級での学習の時間を設定しています。

　小集団学習は，それぞれの子供で発達段階や障害の状態も目標も違いますので，必要な子供のみ集まって学習するという形で行っています。教科のねらいに合わせ，集団でのルール，マナーなどを身につけられることも願って進めています。

　交流学級では，生活科・体育科・音楽科・図画工作科・家庭科などの学習が多いです。体験的な活動や子供が楽しく活動できるもの，自信をもって参加できるものを行っています。交流学級の授業については，交流学級担任と毎日打ち合わせをし，子供本人にとってどこでどのように学習することが望ましいのか，効果的なのかを考えて，参加の有無や特別支援学級担任が付き添うか否かを決めます。そのため，毎日の交流学級担任との情報共有と，特別支援学級担任間の連携がとても重要です。交流学年・交流学級担任と相談し，子供が一緒に行うことができるように考えたり，安心して参加できるようメンバーや参加場所を考えたりしています。

　子供たちは登校後，まずは特別支援学級の教室に向かいます。そこで特別支援学級担任に連絡帳を渡し，今日のスケジュールを確認し，交流学級に向かいます。交流時間は，それぞれの子によって違っています。交流が少ない子は，毎日の朝の会・帰りの会・給食（週３回）・各学年の行事や体験的な学習，多い子は教科の交流で１日２～３時間程度を交流学級で過ごします。交流学級に向かうときには，教員が付き添う場合もありますし，１人交流の場合もあります。その場合は，交流学級担任とインターホンで連絡を取り合っています。

第１章　必ず成功する！　新学期の準備と基礎知識　015

知的障害特別支援学級

ある１日の仕事と見通しのもち

【ある１日の仕事内容】

時間帯	仕事内容
出勤 AM	○着替え（動きやすく華美でない服）　　　●予定の確認 ○教室環境整備 　●換気，エアコンを入れ，温度調節　　　●簡単な清掃 　●特別支援学級のスケジュールボードの時間割表示の訂正と確認 　●配付物の準備・確認　　　●校務 PC で保護者からの遅刻，欠席連絡の確認 ○特別支援学級担任打ち合わせ 　●当日のスケジュールの最終確認　　　●授業の担当，指導内容の共有と確認 　●子供，保護者等への配慮事項などの情報共有
子供がいる 時間	○子供の受け入れ 　●保護者からの健康状態等の聴き取り　　　●連絡帳の確認と持ち物の確認 　●子供の健康観察と健康状態等の聴き取り，子供とのスケジュールの確認 　●子どもの思いに寄り添いながら気持ちをほぐしていく ○朝の会（交流学級） 　●交流学級へ移動する子供の見守り，引率　　　●朝の身支度の見守り・支援 ○朝の会（特別支援学級） 　●担当の子供と細かいスケジュールや内容を確認 　●植物の水やりや生き物の世話などの常時活動の見守り，支援 ○授業 　●小集団学習での指導 　●個別学習での指導　　　●交流学級での学習の見守り，サポート ○休み時間 　●子供の安全管理はチーム体制で（交代で連絡帳を記入） 　●高学年児童の委員会，代表委員活動への見守り，サポート 　●付き添いなし交流児童の学習理解の確認と想いの聴き取り，サポート ○給食（特別支援学級・交流学級） 　●常時付き添いが必要でない子供のクラスを１名が巡回 ○清掃（特別支援学級・交流学級） 　●常時付き添いが必要でない子供のクラスを１名が巡回 ○帰りの会（交流学級） 　●交流学級へ移動する子供の見守り，引率 　●帰りの身支度の見守り・支援 ○下校指導 　●子供の引き渡し 　●保護者への引き渡しと情報共有　　　●送迎サービス事業者への引き渡しと引継ぎ
退勤 PM	○必要に応じて，保護者へ連絡（情報共有） ○校内の会議出席 ○当日の子供への対応について簡易ミーティング，ケース会議，学年会 ○指導記録の記入，翌日の時間割の確認とスケジュールボードの準備 ○授業準備・教材研究 ○学級事務作業 　●週案作成（木曜日）　　　●特別支援学級全体の指導体制表の作成（金曜日） 　●金曜日発行の学級通信の作成（翌週の予定と連絡事項，様子がわかる写真を掲載）

方・仕事の進め方

前田　三枝

記録は写真に残す

　私はいつも両手が空く斜め掛けのかばんを持ち歩いています。中には，連絡帳・ハンカチ・ティッシュ・ウェットティッシュ・文房具セット・デジタルカメラ・タブレットが入っています。何でも持って歩くのは，さっとすぐに対応できるようにするためです。デジタルカメラは，子供たちの様子を形に残しておくためです。特に見学や体験活動のときにはその後の学習で使えるように写真をたくさん撮影します。評価や授業記録をつけるときにもとても役に立ちます。

急な変更に対応できる教材準備

　交流学級担任との連絡は密に行います。直接話をしたり，子供に連絡ファイルを渡してやりとりをしたりし，予定の変更があったときにはすぐに対応できるようにします。時間割が急遽変更になって特別支援学級で授業となったり，予定していなかった子供と一緒に学習したりすることもあります。そのような場合にも，いろいろ準備しておくと安心です。その際，楽しく学習できて「できた・わかった」が目に見えてわかるようなものがよいでしょう。具体物を操作しながら学べるものを準備するとよいです。ちなみに，私は，教材を100円ショップで売っているファイルケースに入れて色分けし，ラベルをつけています。

保護者・仲間との協力　日々の情報交換が大事

　保護者との連携した指導が不可欠です。日々の連絡帳，学級通信，懇談会（保護者会）や個人面談，子供たちが持ち帰る作品など，あらゆる場で子どもたちの成長，がんばり，課題，学習の意図を伝えましょう。子どもの成長を知るのは嬉しいものです。まずは，喜びを共有することから始めてみましょう。また，毎日の交流学級担任や特別支援学級担任同士（仲間）との情報交換と連携がとても重要です。子どもたちの小さな変化や友達との関係など，1人では見逃してしまうこともたくさんの目が集まれば気づくことができます。1人では難しいことも，誰かと力を合わせれば乗り越えられるかもしれませんし，よいアイデアも浮かぶかもしれません。学校のなかでの学びの時間は限られていますので，最大限に時間と機会を生かせるようにしていくことが大切です。ぜひ自分から発信してみてください。

自閉症・情緒障害特別支援学級

新学期に向けての
準備・心構え

長田　尚子・美馬　景子

自閉症・情緒障害特別支援学級の担任になったら

　はじめのうちは，不安と緊張でいっぱいになるかもしれません。でも大丈夫です。学級や校内の先生方が教えてくれます。わからないことがあれば，遠慮することなく積極的に先輩に聴いて解決していきましょう。まずは，どのような子供たちが通い，どのような指導を行う学級なのかを知ることから始めます。「小学校学習指導要領」や「特別支援学校学習指導要領解説自立活動編」及び各校の教育課程届を読むことで，各教科等で何を，どこまで，どのように指導すればよいかをつかむことができます。また，自閉症をはじめとする発達障害や情緒障害についての基礎知識を得ておくことも大切です。

自閉症・情緒障害特別支援学級のチームワークが鍵！

　自閉症・情緒障害特別支援学級の指導においては，教員をはじめとする支援者の一貫した対応が，人的環境調整として重要です。また，日々様々な問題行動による「事件」が起きるなかで，臨機応変な連係プレーが求められます。そこで，新学期が始まる前に支援者全員が集まって，役割分担や子供たちへの対応の基本について，共通理解を図るミーティングを行います。目指す方向性を共有することによって，支援者の側にも見通しが立ち，安心感が生まれます。チームワークよく学級を運営していくための鍵は「スタートミーティングにあり」です。

自閉症・情緒障害特別支援学級に通う子供たち

　自閉症・情緒障害特別支援学級と一言で言っても，子供たちの特性は実に様々です。だからこそ，重要になるのが事前の情報収集です。書類上ではありますが，成育歴や前籍の園や学校からの情報，発達検査の所見など，特性をうかがい知ることのできる情報を丁寧に読み込みます。前担任からの引継ぎ事項も，貴重な情報源となります。課題ももちろん大切ですが，一人一人の好きなこと，落ち着くことを知ることが，よい出会いのポイントだと言えるでしょう。

学級開きで大切にすること

長田　尚子・美馬　景子

まずつくりたいのは「安全・安心」

　自閉症・情緒障害特別支援学級でまずつくりたいのは，子供たち一人一人のこの学級に対する「安全・安心な場だという認識」です。そのためには，子供たちを迎え入れるときに教室環境が整っていること，活動の見通しがもてることが必要です。子供の特性によっては，困ったときの振る舞い方が示されることや，自分なりの参加方法が認められることも，心理的安全性を保つためには重要となるでしょう。とは言え，なんでも OK では枠組みが不明確でかえって不安を生じます。基本的なルールの指導も，「安全・安心」の第一歩です。

枠組み，一貫性のある指導が，「信頼」を生む

　基本的なルールとしては，日々の生活における準備や片付けなどのルーティンがあげられます。また，学級の枠組みは，集団において守るべきルールによっても示されます。例えば，「最後まで聴く」「黙って聴く」「終わりまで聴く」などの話の聴き方は，学級開きの段階から示し，一貫して指導します。学級開きでシンプルに，明確に枠組みを示すことと，その先一貫して指導を続けることは，子供に安心感を与えて信頼を得るためには不可欠だと言えます。

集団参加が難しい子供もいて当然！　では，どうする？

　「学級開き」とは言うものの，集団参加が難しい子供も当然いるでしょう。そんなときはまず，担任との１対１の関係づくりを大切にしたいものです。ここでもやはり，鍵となるのは「安心・安全」「信頼」です。担任との関係ができると，子供自身の困っていることを伝えて相談したり，担任の提案に応じたりすることができるようになっていきます。１対１の関係づくりは，チームの支えがあってこそ取り組めるものです。チームワークで乗り切りましょう。

第１章　必ず成功する！　新学期の準備と基礎知識　019

自閉症・情緒障害特別支援学級

12か月の流れ例

長田　尚子・美馬　景子

月／学習単位	4月	5月	6月	7・8月	9月
行事	・入学式・始業式	・学校公開 (参観日) ・個人面談		・終業式 ・夏季休業	・始業式 ・個人面談
日常生活の指導	・枠組みづくり	・ルーティン化 ・定着	・ルーティン化 ・定着	・振り返り ・夏休みの生活	・枠組みの確認

日常生活における「毎日やること」は，明快な手順とルールを年度当初に指導し，ルーティン化します。1日の生活に見通しがもてると，安心して登校できます。

朝・帰りの支度／朝の会・帰りの会／給食の配膳／始業・終業の挨拶／休み時間の過ごし方

自立活動	・自己紹介・整列 ・サーキットトレーニング	・連休の思い出 ・体力テスト	・気持ちについて考えよう ・風船バレーボール	・七夕飾り ・キックベースボール	・夏休みの思い出 ・サーキットトレーニング ・リレー

運動・動作の基本的技能について，継続して指導できるのが特別支援学級の利点。体育と関連づけて，ぜひ，計画的に取り入れましょう。

モデルを示したいとき，発達段階に応じた指導が必要なときなど，指導形態は柔軟に編成します。

準備運動／ストレッチ／筋力トレーニング／おにごっこ／簡単なルールのある運動

各教科・領域

通常の学級の教育課程に準ずる（ただし，自立活動を設定するため，時数は削減）

交流及び共同学習の年度途中からの実施にも対応できるよう，単元進行は交流級担任とよく打ち合わせるとよいでしょう。

個別の指導計画	・前期個別の指導計画案作成	・個人面談で調整 ・前期個別の指導計画完成			・前期個別の指導計画報告書作成 ・個人面談で報告，調整

10月	11月	12月	1月	2月	3月
• 運動会	• 学校公開	• 終業式 • 冬季休業	• 始業式	• 展覧会 • 学校公開 • 個人面談	• 卒業式・修了式
• 行事に向けた時間割変更への対応	• 枠組みの見直し，確認	• 振り返り • 冬休みの生活	• 枠組みの確認	• 進級・進学に向けた指導	• 振り返り • 新年度の見通し

行事前には急な時間割変更がつきものです。できる限り見通しをもたせ，それでも対応が難しければ無理をしないことも重要です。

年度の変わり目は，大きな変化があるときです。変わることと変わらないことを早いうちから丁寧に指導するようにしましょう。

朝・帰りの支度／朝の会・帰りの会／給食の配膳／始業・終業の挨拶／休み時間の過ごし方

10月	11月	12月	1月	2月	3月
• こんなときどうする？ • 集団行動	• 他者理解人生ゲーム • フロアボール	• 言葉遊び • ボールけりゲーム・サッカー	• 冬休みの思い出 • サーキットトレーニング	• ○○学級ってこんなところ • 持久走	• 卒業・進級を祝う会

言葉についての指導も国語と関連づけて計画的に取り入れます。「話す」ために，順を追って出来事を整理する，相手を意識するなどの指導をするのと同時に，「聞く」指導も欠かせません。

自己理解や集団参加の学習のまとめ。学級への帰属意識が，成長を後押しします。

準備運動／ストレッチ／筋力トレーニング／おにごっこ／簡単なルールのある運動

通常の学級の教育課程に準ずる（ただし，自立活動を設定するため，時数は削減）

学習発表会の参加については，学校によって様々でしょう。早い段階から担当者と打ち合わせを行い，子供の実態に応じた参加の在り方を検討します。成功体験を積むための鍵は，綿密な連携にあります。

10月	11月	12月	1月	2月	3月
• 後期個別の指導計画完成				• 後期個別の指導計画報告書作成 • 個人面談で報告	• 次年度に向けた調整

第1章　必ず成功する！　新学期の準備と基礎知識　021

自閉症・情緒障害特別支援学級

1週間の流れ例

長田　尚子・美馬　景子

【自閉症・情緒障害特別支援学級　日課表】

	月	火	水	木	金
始業前	自閉症・情緒障害特別支援学級教職員打ち合わせ				
登校	朝の支度				
	全校朝会	朝学習	（短縮時程）	朝学習	全校集会 または朝学習
	朝の会				
1	ひだまりタイム （自立活動／体育・図画工作・国語と関連づけて実施）				自立活動 （各学年） または図画工作
2	算数	算数	算数	算数	図画工作
	中休み				
3	国語	国語	国語	国語	国語
4	〈低学年〉 生活 〈中・高学年〉 理科	〈低学年〉 生活 〈中・高学年〉 音楽	〈低学年〉 音楽 〈中・高学年〉 社会	国語 （図書）	〈低学年〉 算数 〈中・高学年〉 道徳
	給食・昼休み				
5	〈低学年〉 国語 〈中・高学年〉 社会	体育	学級活動	体育	〈低学年〉 道徳 〈中・高学年〉 理科
6	〈中・高学年〉 委員会 クラブ活動	総合的な 学習の時間		総合的な 学習の時間	〈中・高学年〉 理科
下校	帰りの支度				

学級の様子

　異なる学年の子供たちが集まった３学級編成の学級です。不登校を経て入級した子供が何人もいるものの，担任との関係を築き，現在はほとんどの子供が登校してきています。子供たちの実態としては，身体の動きがぎこちない，見通しをもって行動することが苦手で遅刻しがち，学習面でつまずきが見られ学習意欲が低下しているなどの様子が見られました。友達との関わりを求める気持ちが強い子供が多くいるのも学級の特色ですが，関わり方は一方的だったり，反応を得るためにわざと相手が嫌がる行動をとったりと不適切な様子が見られます。交流及び共同学習は，集団に比較的適応でき，本人も希望している場合に行っています。

週時程の工夫と子供の動き

　朝の会と１時間目の「ひだまりタイム」は，同じ学級の仲間を知り，適切な関わり方を学んだり，友達の行動をモデルとして集団参加の力を伸ばしたりすることを目指し，学級全体で行うようにしています。学習態勢を整えるためにも，まず大切にしているのは「身体の動き」です。そのため，１時間目の「ひだまりタイム」は自立活動と体育科や図画工作科，国語科などを関連づけて指導しています。準備運動やストレッチ，簡単な筋力トレーニングをルーティンとして取り入れ，１日のはじまりである１時間目の活動の見通しがもてるよう，工夫しています。また，おに遊びを行うことで，毎日継続して簡単なルールのある活動に取り組めるのはもちろん，楽しい活動が子供たちの登校意欲を喚起しています。

　２・３時間目には，どの曜日にも基本的に算数科と国語科を設定し，学習の見通しがもてるようにしています。さらに，それぞれの教科の学習の流れもある程度ルーティン化することによって，苦手な学習内容でも取り組むことができる子供が多くいます。視覚的な情報を受け取りやすい子供も多いので，休み時間から授業への行動の切り替えや学習内容の定着など，目的に応じて動画教材を活用することも効果的です。

　交流及び共同学習をしている交流学級担任とは，前の週のうちに授業予定を確認し，事前に子供にも予定を伝えておくことが必要です。学習の進度を揃えることや授業中の子供の様子を伝え合うことなど，交流学級担任と綿密に連絡を取り合い，連携を図ることが，有意義な交流及び共同学習を成立させるうえで非常に重要です。

自閉症・情緒障害特別支援学級

ある１日の仕事と見通しのもち

【ある１日の仕事内容】

時間帯	仕事内容
出勤 AM	○着替え（無地の落ち着いた色合いの服） ○全校の予定の確認 ○教室環境整備 　●換気　　●予定表の確認　　●簡単な清掃　　など ○学級の教職員全体での打ち合わせ 　●授業の略案共有　　●当日の配慮事項などの確認
子供がいる 時間	○子供の受け入れ 　●保護者から健康状態等の聴き取り　　●子供の健康観察　　●連絡帳の確認 ○朝の会 　＞メインの教員：全体指導 　＞サブの教員・支援者：個別対応，出席確認 ○授業 　＞全体指導 　＞個別学習対応の子供への指導／対応する支援者への指示・依頼 　＞学習に乗れない子供への対応（本人の思いを聴き取り調整する） ○休み時間 　●授業準備　　●子供の安全管理はチーム体制で ○給食 　＞配膳（偏食のある子供が多いので個別対応多数） 　＞食事は短時間で，連絡帳記入 　＞安全管理 ○帰りの会 　●持ち物の確認　　●翌日の連絡 ○下校指導 　●子供の引き渡し　　●保護者への連絡　　●送迎サービス事業者への引継ぎ
PM 退勤	○校内の会議出席／チームへの伝達 ○当日の子供への対応などについて簡易ミーティング，ケース会議 　＞対応に迷ったことなどはその日のうちに共有，相談，方針と対応策の確認 　＞必要に応じて，管理職へ報告，連絡，相談 ○翌日の略案作成（同時に教材研究） ○木曜日を目安に翌週の週案作成 ○金曜日に発行する翌週の時間割と連絡事項を掲載した学級通信の作成

方・仕事の進め方

長田　尚子・美馬　景子

心と時間の余裕を生むために，１年間の見通しをもとう

　学習面でも生活面でも個別の対応が欠かせず，ともすると日々対応に追われてしまいがちです。それでも，子供の行動の裏に隠れた思いを捉え，個々に応じた指導を行っていくには，指導者自身の心の余裕が欠かせません。日常の業務が滞ると，あせりから心の余裕を失います。だからこそ，１年間の行事などの動きをいつでも確認できるようにし，業務を先取りしていきましょう。はじめのうちは時間の余裕をもつことも難しいですが，１年間の指導内容を年度当初に見通して次にどのような内容を取り扱うのかを調べておくとよいです。教材研究を通して指導内容の精選を行うことができます。１年間の見通しをもち，すぐに確認できるようにしておくことが，指導者自身の安定を生むはずです。

チーム内での日々の会話が，視野を広げ，次の一手を導く

　自閉症・情緒障害特別支援学級の担任をしていると，自分一人で考えていても答えの出ない問題にぶつかることがたくさんあります。そんなモヤモヤを抱えていると，次にどのように指導を展開していけばよいのかわからなくなるものです。でも，同じチームで子供の様子を見ている支援者同士で，子供の姿を糸口に会話することによって，自分には見えていなかった側面が見えたり，改めてその行動の意味を捉え直したりできることが多くあります。会話することで情報を共有し，チームの別の支援者が対応した方がよいと判断したら，対応をバトンタッチすることもあります。会話が，視野を広げ，対応を柔軟にしてくれるのです。

　ただし，チーム内での会話が大切だとわかっていても，いつなら話せるのか，チーム内で顔色をうかがい合うようではかえってモヤモヤが増してしまいます。そこで，チームでのミーティングの日時を予め設定することや，ミーティングに向けて話したい内容を整理しておくことをおすすめします。話したい内容を整理することによって，自分自身が客観的に出来事を捉え直し，対応の選択肢を増やせることもあるものです。話したい内容を整理する作業は，自己内対話をすることです。解決しようと考えたり，自分の対応を評価したりするよりもまず，ありのままに事実を整理すると，客観的に振り返ることができるでしょう。

　大切なのは，客観的に捉え直すこと，視野を広げ，柔軟に対応できるようにすることです。よい会話や自己内対話が，きっと次の一手を導くはずです。

入学式・始業式までに しておくべきこと

中嶋　秀一

着任に関すること　　*教えてもらえる事項もありますが，セルフチェックしましょう

□通勤経路，所要時間の確認

□管理職の氏名と勤務先の電話番号やメールアドレスの確認（緊急時の連絡方法）

□管理職や事務職に提出する書類の種類と提出期日の確認

□勤務に関わる規則の確認（出退勤の方法，勤務時間，休暇の取得方法等）

□個人情報保護，体罰，公務員倫理など信用失墜行為となる事項の確認

□校務分掌の確認

□担当学年の確認

□職員用アカウントや校務PCのパスワード等の確認

□校務PCの使用方法や，校務システムの基本的な使用方法の確認

□事務用品の確認（蛍光ペン，修正テープ，付箋，ハサミ，カッターなど）

□自己紹介の準備（経歴，趣味・特技，夢や目標，まずやりたいこと等を思い描く）

□挨拶文の文字数と提出方法，締め切り日時の確認（学校通信，学年通信，学級通信）

□着任式の挨拶の準備（式の流れや整列・挨拶順の確認，挨拶内容の構想）

校務分掌に関すること　　*学校によっていろいろなので，よく聴いて確認を！

□担当する分掌の業務（年間計画）の確認　　□自分が担当する業務の確認

□担当する分掌が年度当初に行う業務の確認　　□自分が年度当初に行う業務の確認

□4月の職員会議までに自分が用意する文書，始業式までに実施する作業の確認

□校務分掌のデータが保存されている場所やファイル名の確認（必要に応じてパスワード）

□作成する文書データの提出方法や期限の確認，作業に必要な物品の保管場所の確認

□学校の年間計画や主な行事の確認（学級の年間計画と期日がぶつかっていないか確認）

□コピー機，印刷機，裁断機等の使用方法の確認

□ゴミの分別方法や資源回収，用紙の再利用ルール等の確認

心構えに関すること

《心構えその1》出会いを大切に！

　受けもつのはどんな子供たちでしょう？　知的な遅れの程度や発達障害の特性を理解するには，正しい知識が必要です（参考文献参照）。しかし，それだけではありません。先生のあたたかい指導と，友達との関係を通して子供たちは育ちます。始業式からの数日間は，子供たちとの信頼関係をスタートさせる大切な時間です。自分がどんな教師なのかアピールし，安心感や期待感を広げていきたいものです。忙しい日々ですが，心にゆとりをもち，笑顔で子供たちを迎えます。仲よくなりながら，好奇心をもって子どもを理解していきましょう。

《心構えその2》仕事は子どもと関わることだけではない！

　日々子どもと向き合い，授業や様々な教育活動を通して子どもを育てるのが教師の仕事です。しかし，学級事務や校内の分掌も欠くことのできない教師の業務です。特に学級事務では特別支援学級ならではの業務や必要な打ち合わせがあります。

《心構えその3》コミュニケーションを大切に！

　特別支援学級は学級担任だけで運営できるものではありません。学校全体の教育活動のなかで，他の教職員と連携して進めていきます。また，保護者と相互に理解し合い，協力し合う関係性が大切です。日々の仕事に取り組みながら，距離を縮め，相互理解や信頼を深めていきましょう。

学級事務に関すること（校内）

□子供の引継ぎ（資料ファイルを読む！　資料がなければ前担任と連絡を取る）

□学級事務の業務分担（複数担任の場合）

□交流学級の決定と共有（職員会議で提案，兄弟姉妹が在籍する学年・学級に留意する）

□学級の年間指導計画作成（学校行事，校外学習，交流及び共同学習の日程確認と調整）

□教科用図書の確認（学年が同じでも使用する教科用図書が同じとは限らないので，校内の教科書担当教諭と連携し，発注内容と配送された種類・冊数が合っているか確認）

□教材採択（学級で使用する教材＋交流及び共同学習で必要な教材を採択・発注）

□4月第1〜2週の計画（授業の予定と内容を決める。交流学級の担任と情報共有を！）

□学級通信（時間割）の作成（学級目標を考える。子供たちと相談しても OK）

□新入生や転入生がいる場合は，必要な手続きを学籍担当教諭，児童用 PC 担当教諭と確認！

□始業式や入学式の，配付物や回収物，連絡事項の確認（同日実施の場合は錯綜注意！）

第1章　必ず成功する！　新学期の準備と基礎知識　027

学級事務に関すること（提出書類）

□教育委員会に提出するもの（必ず教務主任や管理職との確認を！）

□教育課程編成届（4月：作成，提出を誰がいつまでに行うか確認！）

【時数について】各教科等の時数＋「各教科等を合わせた指導」＋「自立活動」の総計は当
該学年の総授業時数に合わせます。（「教育課程編成の手引き」参照）

【自立活動について】「特別支援学校学習指導要領解説　自立活動編」をしっかり読んで理
解します。障害によるつまずきや困りを子ども自身が乗り越えられるよう教育的支援・指
導を行うことが自立活動の原則です。必須です。

【各教科等を合わせた指導について】詳細は「教育課程編成の手引き」や国立特別支援
教育総合研究所のホームページを参考にしてください。わかりやすい解説が豊富です。

□教科用図書給与児童名簿（4月：作成担当者，提出〆切りを確認！）

過去に給与されたものと重複していないか，間違いなく確認しましょう。

〈4月以降に備えて確認しておくこと〉

□住所，家庭状況，連絡先　　　　□通学方法，利用している事業所（放課後等デイサービスなど）

□知的障害や発達障害の診断の有無　　　　□療育手帳が交付されている対象児童

教室環境の準備に関すること

【作成するもの】

□児童名簿（学級種別）　　　　□児童名簿（学年別）

□各種名前シール（机・椅子，棚・ロッカー，レターケース・ファイル，靴箱，1人1台端末）

□朝の会ボード　　　　□数字プレート（日付，時間）　　　□曜日プレート

□天気プレート　　　　□各教科名，活動名プレート

□顔写真（子供，担任，支援員さん，校長，教頭，養護教諭，用務員さん，協力学級担任）

□学級通信掲示コーナー　　　　□学級通信（学習予定，着任挨拶）　　　□学級目標の決定

□各種掲示物（朝の会プログラム，帰りの会プログラム，清掃当番表）

□子供の個別プロフィール（通常の学級担任に伝える実態，合理的配慮の共有）

【備品点検，移動作業】

□児童机・椅子の必要数とサイズの確認　　　□交流学級の机・椅子の数とサイズの確認

□交流学級用ネームプレート（交流学級と同じものを作成，または交流学級担任に作成依頼）

□消耗品の交換・補充（電子機器の電池，ホワイトボードマーカー，チョーク，清掃用具等）

□電子機器，家電備品の動作確認（ケーブルの接続，実物投影機やプリンターの動作確認等）

□教材の点検・整頓，不要品の処分　　　□教室の安全点検・清掃用具の点検，補充，交換

特別支援学級の教育課程に関すること

❶ 基本的な概要を知っておく

　特別支援学級では，知的な遅れの程度や発達障害の特性など，子供の実態に応じて教育課程の編成（年間指導計画の作成）を行います。

- 教科の目標や授業内容を，下学年や特別支援学校のものから選定できます。子供に合わせて学ぶ内容を取捨選択できるのです。教科用図書も同様に下学年対応が可能です。
- 教科時数を柔軟に運用できます。（外国語を2週に1回，国語と図画工作を合わせる等）
- 自立活動の指導を必ず取り入れます。

　他にも，交流及び共同学習を実施してインクルーシブ教育を推進する必要があります。特別支援教育に求められていることが想像以上にあるのです。

❷ 読んで，調べて，知っておくべきこと！（検索可能）

- 各教育委員会が作成した，最新の「教育課程編成の手引き」を参考にする。
- 「特別支援学校学習指導要領解説　自立活動編」を参考にする。
- 前年度に学級で作成された個別の指導計画や資料，各種文書データを見る（校務PC）。

4月以降に備えて始めておくこと

☐ 当面の授業構想と教材準備・作成（引継ぎ情報をもとに。使えるものはコピーでOK）
☐ 個別の教育支援計画作成（4月中をめどに保護者の困りや願いをアンケートで把握する）
☐ 個別の指導計画作成（5月には保護者と共有できるように準備・作成する）
☐ 4月学級行事の計画（計画案と準備作業，新入生を迎える会，1年をスタートする会など）
☐ 交流及び共同学習の推進計画（交流学習の具体的な内容を交流学級の担任と確認し，参加の有無も含めて検討・決定する。朝の会は？　給食は？　学年行事や教科学習はどれに参加？）
☐ 校外学習の年間計画（施設の予約や費用の確認，費用の減免申請の可否）
☐ 学級経営案の検討と作成
☐ キャリアパスポートの準備（通常の学級の形式をベースにカスタマイズ）
☐ 生活保護家庭，準要保護（就学援助）家庭の確認（支援制度により費用が減免される場合があるので，各自治体の支援制度を確認し，対象の家庭を確認しておく）

【参考文献】
- 国立特別支援教育総合研究所ホームページ（右QRコード）
- 鳥居深雪著『改訂　脳からわかる発達障害』中央法規出版
- 中井昭夫他著『イラストでわかるDCDの子どものサポートガイド』合同出版

教室環境＆レイアウト・グッズ

中嶋　秀一

環境づくりのポイント

　教室は学習スペースであると同時に子供たちの生活スペースでもあります。掲示物は最小限度のものとし，約束事やめあて，1日の予定や行事予定などをわかりやすく整然と配置するようにします。学習でよく使う教材や教具は，すぐに出し入れできる場所にあると便利です。教室は安全安心の空間としても重要です。靴を脱いでリラックスできたり，座ったり寝転んだりしてリフレッシュできるコーナーがあるとよいでしょう。子どもが好きなキャラクターグッズや図鑑，ぬいぐるみや楽しめそうな遊具を置くなど，子どもの居場所をカスタマイズします。

教室グッズ

❶ 掲示物

　時計やカレンダー，学習や交流の予定など必要な情報を子どもが把握しやすく掲示します。学級目標や交流先の先生たちの写真など毎日の活動に生かせる言葉や情報を配置しましょう。

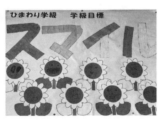

分単位でわかりやすい時計（スタディクロック：くもん出版）。共同制作した学級目標を掲示して明るい教室に。

時間割ボードには毎日の予定を表示。自作の教科名プレートは磁石で付け替え可能。右は朝の会プログラム。

【参考サイト】
- 『ためカモ学びサイト』幼児・発達障害・特別支援教育分野のプリント教材・Canva 教育テンプレート・おたよりイラスト・情報サイト

❷ ロッカーの整理

教室に収納や棚がある場合は活用し、スチールロッカーやカラーボックス、レターケースや100円ショップグッズなどを活用して、子供のカバンや教材、持ち物を収納できるスペースを確保します。何を入れる場所かわかりやすく表示し、自分で気がついて管理できるようにします。扉つきのロッカーは中が見えないので、定期的に整理する習慣をつくりましょう。

個別のロッカー上に提出物のトレイを並べ、わかりやすい表示をつけて自立して朝の準備ができる視覚支援が施されている（上）。
窓側の棚をカラーテープで区切り、自分の場所を見分けやすく支援。トレイにより教材の種類が混ざらないよう工夫も（下）。

レターケースで子供が教材を自己管理できるように（右）。
配付物のトレイを気づきやすい場所に（下）。

❸ ハテナ BOX・サイコロなどのグッズ

ハテナ BOX は集中が苦手な子供たちを惹きつけ、ワクワクドキドキする授業を演出します。ローコストなのでぜひ自作しましょう。大型サイコロは遊びや学習で大活躍。じゃんけんサイコロに改造するのもアリ。〇×カードや数字のクジは活動への参加意欲を高め、意思表示の支援ツールとなります。ベンチやぬいぐるみ、バランスボールはリラックス空間を演出します。

割り箸と画用紙で〇×カード。

鉛筆に数字をつけたクジ。空き缶に入れて。

「なにがでるかなー？」と授業やクイズで応用範囲の広いハテナ BOX。前庭覚や固有覚を刺激し、姿勢改善に有効なバランスボール。

算数ですごろく遊びの学習。大きなサイコロの目はみんなで見て学ぶのに便利（ジャンボサイコロセット：スマートスクール）。

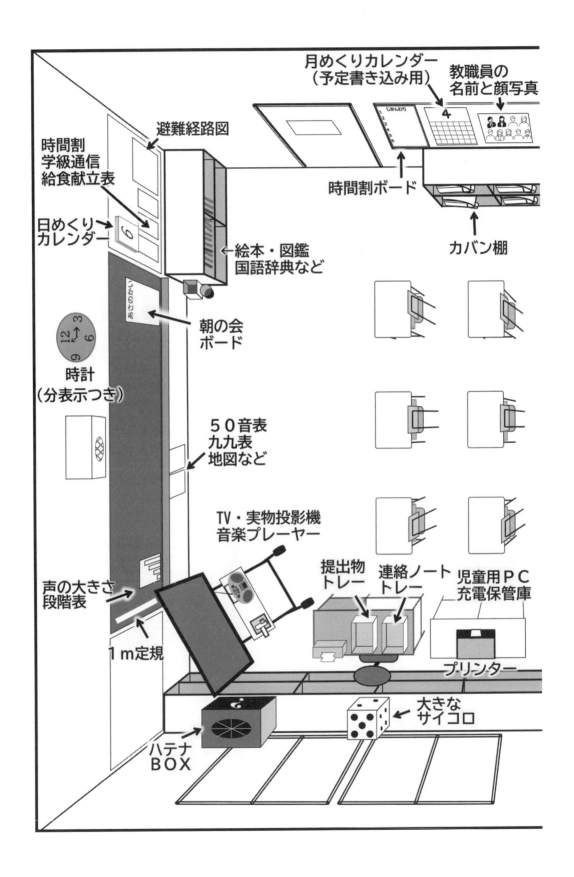

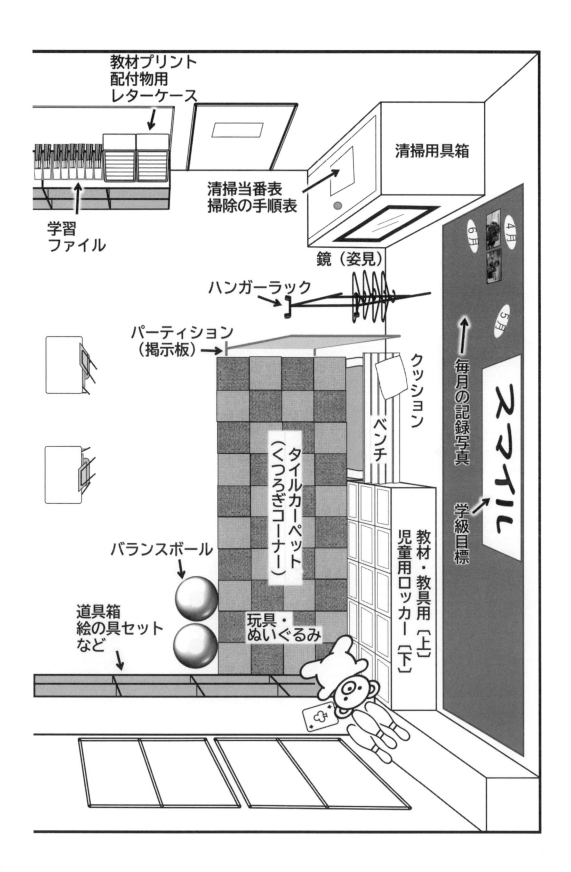

第 2 章

必ず成功する！
12か月の仕事術

今月の見通し

4月 安心できる教室で学びスタート

喜多 好一

今月の見通し

学校生活に関わる指導
- 教室環境の整備〜UD〜
- 学級開き〜学級のきまり〜
- 朝の会・帰りの会の進め方
- はじめての給食と掃除の指導
- 安全な登下校の仕方

子供理解
- 子供のアセスメント
- 個別の教育支援計画と個別の指導計画の作成
- 子供との関係づくり

交流活動
- 交流及び共同学習計画の作成・打ち合わせ
- 校内の協力体制の構築
- 委員会・クラブ活動への参加

行事
- 入学式・始業式への参加
- 1年生を迎える会への参加

保護者や関係機関との連携
- 保護者会の計画，実施
- 連絡帳，学級通信による連携
- 特別支援学校との連携

その他
- 諸帳簿の整備（指導要録，出席簿，健康診断票，指導要録）
- 学級経営案の作成
- 年間指導計画の作成
- 授業づくり

学校生活

　4月は，学校にとっては1年をスタートする大切な月です。特別支援学級の子供にとっては，新たな人に対する不安が強かったり，新しい場所に慣れるのに時間がかかったりすることが多いため，わくわく感より不安感でいっぱいになります。そのような子供たちに対して新たな教職員と共に，同一歩調で教育に携わっていくことが肝要です。4月の学校生活のポイントは，知的障害や自閉症等の障害の特性に合わせながら，個々への特別な配慮を工夫し，どの子も安心して登校できる環境を整えることです。

学級経営のポイント

❶ 子供一人一人の確かな実態把握

　特別支援学級にこれまで在籍している子供に対しては，前年度末に改善してある個別の教育支援計画や個別の指導計画を見直すとともに，新たに加わった教員がいれば，個々の実態と指導目標等を共有することが大切です。入学・転学等の子供に関しては，発達検査の結果やこれまでの生育歴・教育歴を鑑みて配慮すべきことの確認が必要です。

❷ 学級経営計画と年間指導計画の確認

　特別支援学級の特別な教育課程を踏まえて作成してある学級経営計画と年間指導計画を学級内で確認し，週ごとの指導計画の作成に反映できるようにします。個別の教育支援計画や個別の指導計画との整合性が図られているかの確認も必要です。交流及び共同学習では，交流学級担任と打ち合わせをして，年間を通した交流計画の作成も必須となります。

❸ 担任同士の役割分担とチームワークづくり

　特別支援学級には，介助員の配置や複数の教員でティーム・ティーチングによる指導を行うことがあります。子供の学校生活に関わる教職員の役割分担を明確にするとともに，子供への関わり方，教職員間の連携の図り方も確認しておきます。

❹ 学校生活の流れやきまりの確認

　1年間の学校生活の見通しや1日の学級における生活の流れを視覚的に示したり，きまりを共有化したりすることは，子どもが安心して学校生活を送るために欠かせません。朝の会の進め方，登下校の仕方，休み時間の過ごし方などの生活の流れや生活及び学習のきまりなどを，すべての教職員間で徹底して定着を図っていくことが重要です。

仕事のポイント

　子供が抱いている不安を解消するためには，学級担任と保護者が信頼関係を築いて，一緒に子供への教育を促す環境をつくることが重要です。初めて担当する保護者とは，保護者会や個人面談等を待たずに，登下校のお迎えなどを利用して直接話をしたり，電話連絡や連絡帳等でこまめに連絡をとったりして，互いの想いを共有していくことを心がけましょう。

　保護者と信頼関係をつくっていくには，子供の学校でのよさや成長を具体的に伝え，「担任は我が子に対して愛情をもって接してくれている」と実感してもらうことが大切です。保護者から寄せられた相談は，傾聴，共感，受容をしながら教育相談的な姿勢で接していきましょう。

4月

教室掲示

自己紹介カードと
自画像・誕生日列車

本山　仁美

自己紹介カード・自画像

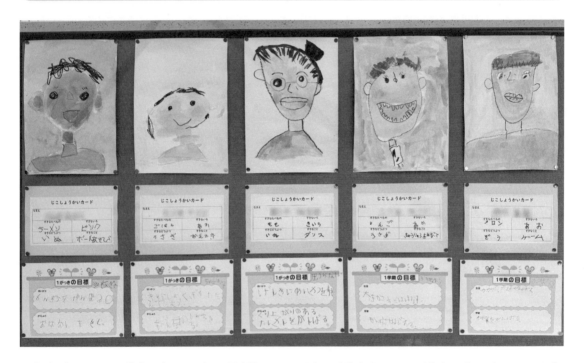

　新年度を迎えた教室の掲示は必要最低限のものだけが貼られているだけです。そこで，1年間過ごす教室空間が，自分たちにとって安心することができる場所であるように，子供と一緒に掲示物を作っていきます。

　そのはじめの活動として，自己紹介カードを作ります。学級の実態に応じて，好きなもの，遊び，スポーツなどを1枚の紙にまとめていきます。書くことを苦手とする子供がいるときは，自己紹介をしてから書くとイメージしやすくなると思います。また，図画工作科の時間に自画像を描きます。何を使って描くか，学年や実態に応じて画材を選びます。低学年はクレパスで自画像を描き，背景を絵の具で塗ります。中学年はクレパスで輪郭を描き，絵の具で色塗りをします。高学年は，鏡をよく見て描きます。「〇〇さんに似ている絵だね」等，子供同士が関

わり合いながら完成させます。また，個々の1学期の目標も掲示します。

　障害の特性上，人との関わりが薄い子供も，一緒に活動をしたり互いのカードを見合ったりすることで，友達のことに興味をもつことができます。

図画工作科の時間で，自画像を描きました。絵の具の使い方，片づけ方も一緒に確認します。

常設掲示の学期のめあて。学期ごとに学習面・生活面の目標を掲示します。

誕生日列車

　自己紹介カードと併せて，誕生日列車を作成して掲示しています。こちらは，1年間の常設掲示として，授業の妨げにならないように教室の後方に掲示します。こちらの列車は，好きな色の画用紙を選び，車輪を切って貼りました。列車が好きな子供や高学年が多いときは，列車を描いて作ることもあります。実態に応じて楽しく作ることができるとよいですね。

　誕生日列車を作成して貼ると，「Aさんは〇月生まれだね」「私と一緒だよ」など，自分と同じ誕生月であることに親近感が増したり，誕生日を知ることで「今日はBさんの誕生日だね」と月ごとの誕生日イベントを意識したりすることができます。

4月

学校生活に関わる指導

歓迎の気持ちを表す教室環境の整備

大村知佐子

一人一人の居場所がある教室環境

数年前，私が本校に異動してきたとき，職員室の机の上に「大村知佐子先生　ようこそ○○小学校へ！」というプリントが置かれていました。このプリントを見て，自分は歓迎されているのだといううれしい気持ちになったことを覚えています。子供たちも教室に入るとすぐに自分の名前を探します。新入生であれば，その名前に好きなキャラクターや色がついていたら，先生の「ウエルカム」な気持ちを表すことができるのではないかと思います。一人一人の子供が歓迎されている教室であるということを，環境掲示で表現できたらいいですね。

基本的に「教室環境は目に見える子供と先生のコミュニケーション」です。「走ってはいけません」「鉛筆は正しく持ちましょう」などの指示ばかりの教室。何も貼っていない殺風景な教室。子供にとって必要なことが貼ってある教室。装飾が多いにぎやかな教室。子供と先生のよりよい関係づくりができる環境を目指しましょう。ポイントは「前，中，後」です。子供たちの行動や活動の前，中，後に活用できるものが環境のなかに用意してあると，子供たちは安心して活動に取り組むことができます。

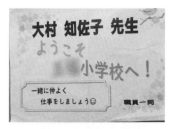

前はすっきり，後ろはにぎやか

【子供を取り巻く環境を整えるポイント】

理解を促すために	行動を助けるために	確かめる，意欲をもつために
行動や活動の前	行動中・活動中	行動や活動の後
・手順表	・補助具	・がんばりカード
・説明カード	・手がかりとなるライン	・褒め言葉カード
・やることカード	・場所の表示	・シールや花丸
・時間割，週予定	・チェックカード	・賞状や認定証

自分の活動に見通しがもてる教室環境

　特別な支援が必要な子供が見通しをもって活動するためには，①先生の指示や説明，手順などを目に見える形で表すこと，②子供がそれを実行できるような手がかりや補助具があること，③がんばったことやできたことを確認し，達成感を感じることが必要です。この３つのポイントに気をつけると，子供たちは先生の言葉を理解し，進んで動けるようになります。

❶ スケジュールボード

　その日のおおまかな学習内容がわかるように提示します。できれば，交流学級の担任の先生のメモや端末などの手がかりを見て，自分で時間割カードを貼ることができるとよいでしょう。私の学級では，中学年以降の子供は交流学級と特別支援学級の時間割を見比べながら，自分で考えて貼っています。低学年の子供は交流学級の先生に書いてもらった時間割をそのまま貼っています。どちらも最後に私が確認して変更箇所を貼り直してもらいます。

❷ ロッカー

　交流学級でも，新入生のロッカーには，何をどこに置くのかをくわしく貼っておきます。次年度からは子供たちが自分で配置を考えて置くようにします。私がよく使うのはマスキングテープです。いろいろな色があり，剥がしやすく，油性ペンで文字も書けます。入学前に何色が好きかを聴いておいて，その色のマスキングテープを使うことが多いです。同じ色のマスキングテープを下足箱や傘立て，交流学級の机などにも貼ると自分の場所を認識しやすくなります。みんなと同じようにしてほしい子供もいるので，それは子供によって変えます。

4月 学校生活に関わる指導

わくわく前向き，学級開き

大村知佐子

最初に今年度大切にしたいことを話し合う

　私が始業式の後，子供たちと毎回していることは，「校長先生のお話」の共有です。校長先生がどんな話をされたのかを子供たちに聴きます。「一人一人のいいねを見つけてくださいって言われました」「めあてを見つけようって言われました」「笑顔の花を咲かせようって言われました」などと話します。それを黒板に子供たちがわかるように書きます。また，私が今年度大切にしたいことも書きます。「新しいことにチャレンジしてほしいと思っています」「困ったことや不安なことがあったら相談してほしいです」などです。そして，子供たち一人一人に，今年度がんばりたいことやこんな学級にしたいという願いを聴きます。これも黒板に書きます。これらは後で，子供たちが今年度の学級目標を考える手がかりとなります。さらに日記の名前を話し合います。

　毎年，毎学期，繰り返しているので，子供たちは，始業式や終業式の話を真剣に聴くようになりました。私の経験では，校長先生の話→担任→子供たちの順に話をすると，子供たちは話しやすいようです。その後，在校生から新入生に子供たちの口から説明してもらいます。こうして学級目標と日記の名前が決まっていきます。

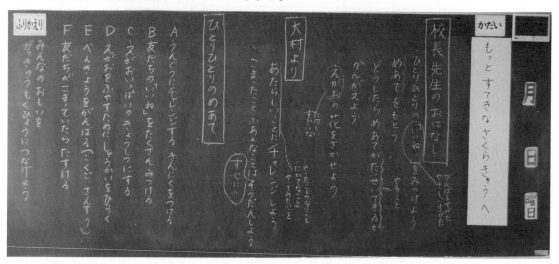

子供たちと楽しく会話しましょう

子供たちに休み明けに一番したいことを聴くと「みんなと話をしたい」と言います。「話したい・聴きたい」という気持ちが休み中に高まっているのだと思います。一人一人の子供たちの話を，担任を含めたクラスみんなで聴くことで子供たちの心は満たされていきます。

❶ ○○日記

私の教室では，毎日，その日の時間割を交流学級の担任に聴きに行き（タブレット端末で確認する子供もいます），書いてもらう○○日記をつけています。その日の学習内容や次の日の持ち物や予定を書くなど，連絡帳や生活ノートの役割も果たす日記です。子供たちは毎学期この日記の名前を考えることを楽しみにしています。今までに使った名前は「なかよし日記」「えがお日記」「いいね日記」「チャレンジ日記」「はなまる日記」「全力日記」などです。それぞれ子供たちの願いがこもった名前です。

❷ 苦手なものフルーツバスケット

ある担任の先生は困ったことや不安なことが言える学級にしたいと，学級開きで苦手なものフルーツバスケットをしてみたそうです。「ピーマンが苦手な人」「大きな音が苦手な人」など苦手なのは自分だけではないと気づくことで安心できます。担任自らどんどん自分の苦手を開示することで子供たちも自分に苦手なものがあっても大丈夫と思えます。1人だけのものもあるかもしれません。その際には担任が「○○さんは▲▲が苦手なんだね。給食で出てきたら減らしてあげようね」とフォローしましょう。

4月

学校生活に関わる指導

つなぎを大切に！
朝の会・帰りの会

大村知佐子

子供のパワーがどんどん高まるルーティン

　学校生活には，朝の会や帰りの会をはじめとした毎日繰り返し行う活動があります。繰り返しだからこそ，子供たちの成長が見られる大切な時間です。そのために，活動の流れを学びある内容にしたり，一人一人の力が発揮できる内容にしたりする必要があります。担任の仕組み方次第で子供が自ら手がかりを活用して，主体的に活動できるようになります。

　その際，一人一人の子供の好みや特性を生かした仕組み方が大切です。天候が気になる子供には天気を調べて報告する仕事，給食が気になる子供には献立をみんなに伝える仕事，人との関わりを好む子供には養護教諭のもとに健康観察板を取りに行く仕事，カレンダーが好きな子供には日付を黒板に書いたり消したりする仕事，生き物が好きな子供にはメダカの様子を観察する仕事（私の教室では餌やりはみんながやりたがるので先生の仕事と決めています），配付物を取りに行く仕事，カーテンや窓を開け閉めする仕事を用意しておくといった具合です。

　それらの仕事の発表をする機会が，朝の会や帰りの会になります。クラスの子供のニーズによって，日替わりで日直が司会をすることもあれば，司会を決めることもあります。

献立表をそのまま写すことのできる献立ボード

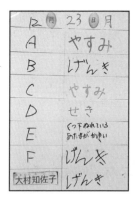
聴いたことをそのまま書ける健康観察

天候が気になる子供は天気予報を調べて知らせるボード

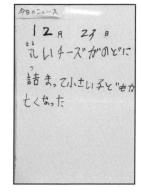
易しい言葉のニュースから1つ選んでみんなに伝える

❶ 朝の会

　私のクラスの子供たちは，朝，学校に来たら，宿題を提出して，ランドセルを片づけて，日記を持って交流学級に行きます。端末で時間割を確認する子供もいます。そして，その日の時間割をスケジュールボードに貼ります。終わった子供は，その日の天気を調べたり，給食を書いたりするなどの当番活動や係の仕事を行います。担任は端末に送られてきたり連絡帳に書かれたりしている健康状態や様子，遅刻や欠席などを確認します。連絡なく姿が見えない子供については教頭に伝え，教頭から電話連絡してもらいます。

　ここまでの下準備が終わって，みんなが席についたら，朝の会を始めます。子供たちが安心して1日を過ごせるようにすることが朝の会の目的です。

❷ 帰りの会

　帰りの会は，日記を書くことから始まります。1日を振り返り，がんばったことを確認します。また，カレンダーなどを活用して明日以降の日程について，予定や準備物などの見通しをもちます。早く終わった子供は，スケジュールボードの時間割カードの片づけをします。

　「ほめ言葉タイム」として子供同士で褒め合ったり，「いいねカード」としてその日に見つけた「いいね」を紙に書いて貼ったりします。前向きな振り返りによって自己肯定感を高め，次への意欲をもつことが帰りの会の目的です。

　Canvaという描画ツールを用いると，下のような理解を促す手順表と実行を助けるタイマーをセットできます。手順表だけではなかなか活動がはかどらない子供にはぜひおすすめします。

4月

学校生活に関わる指導

自分の役割を選んで果たす給食・掃除

大村知佐子

できることを増やす給食当番

　給食や掃除の指導を行う際には，まず，どのような流れで行うのかを課題分析することが必要です。どんな順番でどんな活動をするのかを小分けにして書き出してみましょう。その次に，子供たちが実行するときに手助けとなる手がかりを配置するとよいです。

　給食であれば，①手を洗う，②白衣を着る，③配膳台と机を消毒する，④配膳の台車を持ってくる，⑤配膳台に食器や食缶などを置く，⑥配膳する人がそれぞれの位置につく，⑦配るといった具合です。次に，そのために必要な手がかりや支援，ルールを考えます。どこに何を置くのかを示すカードを作る，だれがどんな仕事をするのかを話し合う，配膳する数量がわかりにくい子供のために，先生が一皿見本を作る。みんなが位置につき，準備ができたところで，先生が「配ってください」と言ってから配り始めるなどです。自分のクラスの子供の姿を想定しながら考えましょう。私のクラスでは，ご飯・パン，箸・お盆，牛乳，おかず，食缶，机拭き，配膳台拭き，いただきます・ごちそうさまのなかから，自分のやりたい仕事を端末で投稿してもらうようにしています。配膳が始まったら，いろいろな課題が出てきます。それらを一つ一つ，子供たちと一緒に知恵と工夫で解決していきます。

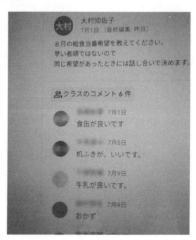

やりたい仕事を自分で選び，責任をもって行う

みんなで見守る掃除当番

　掃除は，私の学校では縦割り班で行います。私の教室の清掃を担当する縦割り班の6年生のリーダーの子供が相談に来ます「ほうき，雑巾，黒板，洗面台の4つの仕事があるのでグループの子供たちを割り振ってください。机の上げ下げや窓の開け閉めはみんなでしてください」などとお願いします。そして使用する用具や手順の確認を行います。

　次に，自分のクラスの子供たちが，それぞれの担当場所でどんな役割になったのかを確認します。心配な子供については，担当の先生に確認し，グループのリーダーの子供に「〇〇くんは，ちりとりが得意だから，ちりとりの役割を特別につくってね。このちりとりを置いておくのでこれを渡してください」とお願いします。雑巾や箒での清掃が難しい場合には，その子供がどの担当場所になってもできる仕事を1つ用意しておきます。事前に教室で練習するとよいでしょう。また，「マイちりとり」を用意しておくことで安心して活動に参加することができます。

　教室担当の子供たちが，自分たちだけで掃除ができるようになったら，クラスの子供たちがどうしているのかを見回ります。私は「今日，先生お掃除パトロールに行くよ」と伝えています。担当の先生から，問題行動の報告を受けてもお掃除パトロールに行きます。いつでも見守っているというサインを出しておくことが大切です。グループのリーダーの子供にも困ったことがあったらいつでも伝えに来てねとお願いしておきます。「今日，ずっと横になっていました」と報告してくれる子供もいます。「いつもありがとうね。今日は寝不足だったみたいだよ。明日はがんばるように伝えておくね」と返事をすると，リーダーの子供も安心して私のクラスの子供のことを見てくれます。

どの子供にも役割を

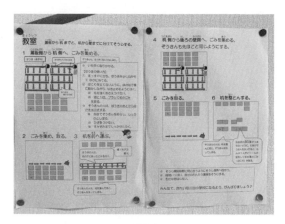

手順表

実行を助ける床の補助線

4月

学校生活に関わる指導

自立の第一歩，登下校

大村知佐子

移動スキルの確立

　子供たちの将来の姿を考えたとき，作業所に通うにしても，会社に通うにしても，自分で移動できることはとても大切なことです。毎朝，雨の日も風の日も，身支度を整え，持ち物をそろえて，時間に遅れないように安全に学校に歩いて通うこと，帰りは忘れ物がないように気をつけて，気候に合わせた身支度を整えて，周りの友達とトラブルを起こすことなく道草せずに安全に歩いて家まで帰ることのできる子供は，将来1人通勤につながります。しかし，特別な支援の必要な子供にとって，これは簡単なことではありません。

　自立を目指すときは，スモールステップで達成していく方法を考えます。まずは，その子供にとってのゴールを決めます。例えば，「学校から横断歩道まで歩く」（横断歩道から家までは母親が付き添う）というゴールを決めたとしたら，次に，ゴールに到達するまでのステップを考えます。横断歩道の渡り方の練習を行う，朝は保護者が1メートル後ろを付き添って見守る，帰りは担任が玄関まで見守るなど，保護者と一緒にどのように支援するのかを相談します。そして，次のステップに進む際にも，情報交換しながら進めていきます。

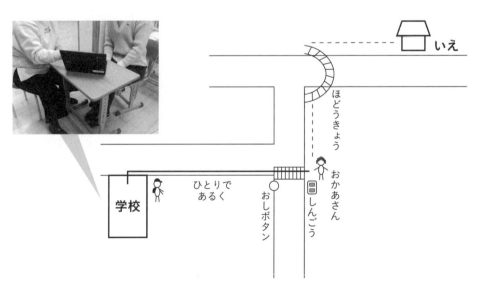

持ち物の管理（ハ・テ・な）

　毎日の持ち物（**ハ**ンカチ・**テ**ィッシュ・**な**ふだ，連絡帳，連絡袋，宿題，水筒など）は自分で準備できるように，家庭でも学校でも置き場所を決めておくとよいでしょう。体操服袋や水彩セット，書道セットといった大きな持ち物は，重ならないように週予定に持ち帰る日と持ってくる日を書いておくと，両手がふさがらずに安心です。

支援のフェードアウト

　1人でできることが最終的な目標です。そのためには支援が過剰だとうまくいきません。登下校についても心配だからと保護者がずっと手をつないで付き添っていたら，子供は自立のチャンスを失います。一方で，交通事故をはじめとした危険やケンカ，落とし物といったトラブルはいろいろ想像されます。予想したり，起こったときに柔軟に対応したりしながらも支援をフェードアウトしていくことを意識することが大切です。また，子供にとって難しいと判断したら，支援を追加することも必要になります。子供の様子をよく観察して，計画的かつ臨機応変に対応しましょう。手は離しても目と心は離さないという姿勢が求められます。保護者との情報共有の際にもスモールステップを意識し，できるようになったこと，もう少しでできそうなこと，支援ツールを使えばできることなどを伝えることで，次に目指すステップが明らかになっていきます。

持ち物

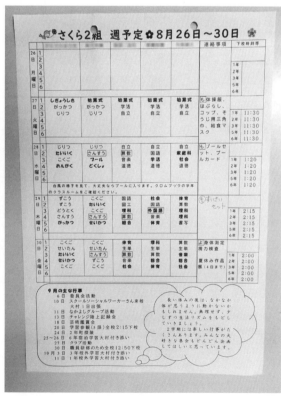

保護者との予定の共有

4月

子供理解

子供のアセスメント
～引継ぎ事項の確認・子供の情報収集～

知的障害特別支援学級

中嶋 秀一

知的障害特別支援学級に在籍する子供は？

知的障害とは，知能指数が概ね70以下で，同年齢の子供と比べて認知機能や言語の発達に遅れがある状態を指します。日常生活や学習活動における適応能力が不十分なため，発達段階に応じた支援が必要になります。身体障害などと異なり，知能は発達途上にあり成長します。単にできないことをサポートする支援ではなく，発達支援を軸にした指導・支援によって自立を目指します。アセスメントを行う際は「できないこと」だけではなく，「できること」（知識，スキル），「やってみたいこと」（興味関心，願い）を確認し，支援に生かします。

引継ぎ資料の確認と情報収集

発達検査の結果や過去の評価資料はしっかり読んでおきましょう。各教科の学習面だけではなく，生活面の様子（排泄や衣服の着脱，食事，洗顔・入浴など基本的な生活習慣の自立）や，行動面（多動性や衝動性，ルールの理解など），コミュニケーション（言葉の理解，他者理解）の様子も把握します。可能ならば前担任に話を聴くとイメージが掴めます。保護者からの聴き取りも重要です。4月以降に教育相談（個人懇談）を設定して指導計画等を共有します。事前に右のようなアンケートを配付し回答してもらうと，支援の参考になり，面談もスムーズになります。要望があれば保護者との電話や面談を随時行い，ニーズに応えながら信頼関係をつくっていきます。

○○学級保護者の皆様
春の個人面談　事前アンケートのお知らせ
○○学級担任一同

お子さんについて、今後どのようなことを身に付けてほしいですか？

〔生活面〕

〔学習面〕

〔行動面〕

〔コミュニケーション〕

※学習障害や ASD, AD/HD, DCD の特性を併せもっている場合が多いので注意深く読み取りましょう。

お子さんが苦手なこと、嫌いなものは何ですか？

お子さんが今、好きなキャラクターや食べ物、遊びなどをお書きください。

お子さんの、将来の夢は何ですか？

どんな大人に育ってほしいとお考えですか？

アレルギーや今飲んでいる薬など、配慮が必要なことをお知らせください。

子供理解

子供のアセスメント
～引継ぎ事項の確認・子供の情報収集～

自閉症・情緒障害特別支援学級

中嶋　秀一

自閉症・情緒障害特別支援学級に在籍する子供は？

　自閉症・情緒障害特別支援学級には，発達障害のある子供が在籍しています。発達障害には，自閉スペクトラム症（ASD），注意欠如多動症（AD/HD），限局性学習症（LD），発達性協調運動症（DCD），チック症，等が含まれます。法令上，知的障害は発達障害に含まれませんが，実際には重複する場合が多いので，発達段階や特性に応じた配慮や支援が必要です。発達障害には二次的な問題が生じることが多く，障害の特性をよく理解し，合理的配慮（社会的障壁の排除）に務めます。場面緘黙や聴覚過敏など不安が強い子供や，愛着障害や発達性トラウマが行動の背景にあると，表面的な指導ではトラブルが収まりにくい場合もあります。子供の特性と心の動きに注目し，問題行動にフタをするのではない，愛情深い発達支援を心がけます。安全で安心な教室環境と，心地よい環境を保障するための，細やかな引継ぎを行いましょう。

問題行動の要因を知り，子供の強みを生かすための情報収集

　通知表や指導要録，個別の指導計画等から，下記のポイントを基に子供の特性を把握します。また，可能な範囲で前担任や支援員にエピソードを聴き，イメージを把握します。保護者からの聴き取りも大切です。困りや悩みを共有し，一緒に支援を考える信頼関係をつくりましょう。

《聴き取りのポイント》　※今はそういう子供なのだ，と認識することが大事です

○問題行動が起きやすい場面，時間，状況を確認（配慮的支援，環境調整のヒント）

- はじめてのことに対する反応　●苦手なこと，場所，相手　●イライラしやすい時間
- 思い通りにならないときの反応　●無理や我慢につながること　●天候と気持ちの関係
- 刺激になる言葉や相手，思い出（トラウマのリマインダーになること）　　etc.

○問題行動を予防・軽減することにより，強みを生かすための配慮や支援を確認

- 強み（○○博士，得意技）　●好きなこと（話題，遊び，活動）　●抱えている欲求
- 行事の事前学習（セリフ，写真，時程，活動内容の提示など安心できる手立て・コツ）
- ポジティブな言い換えによる評価　●好きなタイプ（信用 or 安心できる）　　etc.

4月
5月
6月
7・8月
9月
10月
11月
12月
1月
2月
3月

第2章　必ず成功する！　12か月の仕事術　051

4月

子供理解

個別の教育支援計画と個別の指導計画の作成

中嶋　秀一

個別の教育支援計画とは？

知的障害や発達障害の表れ方は一人一人異なるため，個に応じた適切な支援が必要です。「個別の教育支援計画」は学校教育に加え，医療・福祉機関，就労する事業所や企業が，切れ目のないサポートを行うための情報共有システムです。学童期は小学校が作成します。【プロフィールシート】に基本情報，【支援シート】に具体的な支援を記入します。文部科学省の参考様式は右のQRコードから入手できます。校務支援システムの様式や「サポートファイル」等の名称で自治体が作成したものなど，各校の取組方法に合わせて活用してください。

個別の教育支援計画の作成

「個別の教育支援計画」はファイルに綴じ，施錠して保管します。管理職や教務主任も閲覧できるよう保管場所や記載内容を共有します。

【プロフィールシート】氏名・住所・家族構成，就学前の記録等を記入します。家庭児童調査書のコピーでも OK です。発達クリニックの受診状況や発達検査結果は，重要な記録なので紛失しないよう確実に保管します。

【支援シート】右は A4 に収まるように作成した様式例です。引継ぎ資料や保護者からの聴き取り（アンケート），子供の観察メモ等から，日常の支援に生きる目標や手立てを設定します。

《個別の教育支援計画の例》
〇〇小　令和〇年度　個別のサポートプラン

児童名：4年　児童　氏名　　記入者：中嶋　秀一　　作成・更新：〇年4月

現在の様子（診断、気になること、困り）
・ADHD等の診断なし。衝動的な行動や暴言がある。自己肯定感が低い。
・漢字や計算は得意。物語文や文章問題の読解が難しい。運動が得意。
・友達とささいなことでケンカになることがある。すぐに手が出てしまう。
・基本的な生活習慣、日常生活動作に問題は無い。食べ物の好き嫌いが多い。
・卵アレルギーがあり給食は除去食。アトピー性皮膚炎があり、かゆみ止め使用。
・靴紐やエプロンの紐を結ぶのに時間が掛かる。すぐほどける。
支援に生かすことのできる本児のよさ、この子らしさが発揮できる強み
・身体を動かすことが得意。体育の授業で技が披露できると喜ぶ。
・係の仕事や当番活動に真面目に取り組むので、ほめられると喜び、さらに意欲的に仕事をしてくれる。（自己有用感、自己効力感につなげる）
本人や保護者、担任の願い
【児童】夢は野球選手。体育で頑張りたい。運動会で1位になりたい。
【保護者】本児に合ったペースで学習させたい。可能な範囲で通常の学級の学習に参加させて欲しい。
長期目標（卒業までにできるようになってほしい長期的課題）
【自立活動】言葉で気持ちや考えを伝えるよさを理解し、友達と仲良く協力して活動しようとする態度を身に付ける。（心理的な安定、人間関係の形成）
【生活面】思い通りにならないことがあっても、最後まで諦めず、よりよい方法を試行錯誤して取り組む力を身に付ける。蝶結びができるようになる。
【学習面】自力解決できる内容を中心に取り組み、できることが増えることを実感し、学習に対する意欲を高める。

短期目標	合理的配慮と支援の手立て
・考えを言葉で伝えたり、相手の言葉を受け入れたりするよさを理解して、仲良くできる。
・学習や係活動を通して自信を付ける。
・蝶結びができるようになる。	・感情的な時、気持ちを適切な言葉に置き換えて友達との相互理解を促す。
・活躍できたことを認め、言葉で伝える。
・紙ファイルの綴じ具を2色の紐に替えて、日常的に結ぶ機会を設定する。
成果と課題（9月記入）	成果と課題（2月記入）

052

個別の指導計画とは？

「個別の教育支援計画」から，特に【支援シート】の内容を基にして，具体的な指導内容や方向性をまとめたものが「個別の指導計画」です。業務効率化の観点から，通知表を兼ねた内容とします。記載内容を共通にして，指導要録としても活用できる形式を使いましょう。

個別の指導計画の作成

ページ下の図は「個別の指導計画」の例です。各教科や領域の学習において主な目標となる指導内容を記入しています。「自立活動」は障害による学習上または生活上の困難を克服することを目的とする特別支援教育の根幹である領域です。学習上・生活上の困りやつまずきは，「自立活動」とリンクした指導・支援を行います。特別支援学校学習指導要領解説の自立活動編を読み，ぜひ指導に生かしてください。特別支援学級は，通常の学級の指導に準じながら，特別支援学校の指導内容を参考にして指導を行います。「個別の指導計画」には，年間を見通した指導計画の概要が反映されるよう十分に検討しましょう。年度当初は前年度のものを参考に，部分修正を加えて作成すれば大丈夫です。

第2章 必ず成功する！ 12か月の仕事術 053

4月

子供理解

子供との関係づくり

知的障害特別支援学級

中嶋　秀一

子供理解は先生の好奇心と触れ合いで

　子供を指導・支援するにあたり，教育的ニーズを把握することをアセスメントと言います。知的障害は外見からは判別しにくい障害です。子供と話したり遊んだり，直接触れ合いながら「その子らしさ」を観察しましょう。コミュニケーションや生活の様子，学習理解の程度や興味関心の対象など「どんな子かな？」と先生が好奇心を働かせて，課題と支援に生かせる強みを把握します。気になることはメモに記録すると，後で役立ちます。

　子供は，言葉で伝えたり理解したりする力が発達途上です。子供の話はさえぎったり急がせたりせず，最後までニコニコと聴きましょう。言い方がわからないときは教えて，使える言葉を増やしていきます。話を聴くことが安心の信頼関係を育みます。お試し行動としての不適切な行為は，楽しくなると繰り返してしまうので，期待通りの反応をしないようにします（弱化）。

　先生はわかりやすい言葉と豊かな表情で子供と接しましょう。先生との楽しいコミュニケーションが子供に元気や勇気を与えます（強化）。教師の関わりが社会性を育みます。

年齢や学年にとらわれず，発達段階に応じた寄り添い方が大切

　学習面で下学年対応など特別の教育課程を編成できるのと同様に，言語面や行動面でも幼い面がありますから，子供の発達段階に寄り添った対応が求められます。生活年齢より下だとイメージした方が言葉や行動を理解しやすいかもしれません。"ゆっくり育つ"子供だと捉えて，ゆったりした時間のなかで成長を支えていくことが大切です。知識の習得にも，技能の獲得にも時間がかかります，繰り返し指導し，継続的に学びを支援しましょう。好きなアニメの話をしたり，一緒に走り回って遊んだりすることも，子供と仲よくなる早道であることは言うまでもありません。子供は，自分を受け止めて尊重してくれる先生を，信頼してくれることでしょう。子供のよき理解者，キーパーソンとなり，安心の関係を育むことが指導・支援の基盤です。

子供理解

子供との関係づくり

自閉症・情緒障害特別支援学級

中嶋　秀一

特性と背景要因を理解した支援が必要

　発達障害は下図のように様々な種類と特性があります。（DSM-5-TR に準拠）診断の有無にかかわらず，ほとんどの子供は知的障害も含めた複数の特性が重なり合っています。

　ASD や AD/HD タイプの子供の場にそぐわないと思われる言動は悩みのタネですが，そこには必ず背景要因があります。周囲が騒がしいと輪をかけて騒ぎますし，じっとする時間が長いとストレスが噴出します。頭ごなしに叱らず，特性を理解して関わります。緘黙やチック，感覚過敏など不安の影響を受けている子供もいます。愛着の問題や発達性トラウマを抱える子供も多いので，安全・安心の配慮と支援を心がけます。

発達障害の特性を強みとして生かす

　ASD タイプの子供は，相手の感情理解が難しく，ストレートな言い方で怒らせてしまいがち。先生が友達の気持ちを伝え，適切なコミュニケーションを支援します。点検係が向いています。
　AD/HD タイプの子供は，じっとすることがストレスです。でも授業中に先生の手伝いを頼むと素早く働いてリフレッシュもでき，「ありがとう！」と言われて肯定感が UP します。
　LD や DCD タイプの子供は，失敗を責められると意欲が低下します。学習性無気力症やストレスのトラウマ化を避けるためにも，時間がかかる⇒作業が慎重，などと障害特性をポジティブに変換し，価値ある個性として認めてあげましょう。問題児扱いせず，個性を尊重してくれる先生に，子供はとても安心するのです。

4月

交流学習

交流及び共同学習計画の作成・打ち合わせ

倉橋　雅

知的障害特別支援学級の子供の場合

知的障害とは，知的機能の発達に明らかな遅れと，適応行動の困難性を伴う状態が，発達期に起こるものを言う。（中略）「適応行動の困難性」とは，他人との意思の疎通，日常生活や社会生活，安全，仕事，余暇利用などについて，その年齢段階に標準的に要求されるまでには至っていないことであり，適応行動の習得や習熟に困難があるため，実際の生活において支障をきたしている状態である。
［特別支援学校学習指導要領解説　各教科等編（小学部・中学部）p.20　平成30年3月］

上記定義のなかで「適応行動の困難性」が生じやすい例としてあげられている「概念的スキルの困難性」「社会的スキルの困難性」「実用的スキルの困難性」のうち，知的障害特別支援学級の子供においては「社会的スキルの困難性」の向上が主なねらいとなります。「社会的スキルの困難性」とは，友達関係や社会的ルールの理解，集団行動などです。具体的な活動計画の作成・打ち合わせについては，おおよその手順は以下のように進めていくとよいでしょう。

❶ 交流及び共同学習を通して，「どのような力をつけさせたいのか」を決める

→丁寧に実態把握を行い，「現段階で必要な力」「大集団でしか学べない経験や学び」「特別支援学級でもフォローしてさらに定着・向上させられる課題」「社会生活で生きる力」などを基準にねらいを決めます。

❷ 教科や活動内容，参加時数（時間数）を決める

→ねらいに到達しやすい教科を選びます。本人の興味・関心に合う活動が一番ですが，合わない場合は，事前準備や事後学習，当日の配慮や支援などを工夫します。ただし，参加する時数は1週間の半数を超えないようにします［特別支援学級及び通級による指導の適切な運用について（通知）平成4年4月27日］。

❸ 配慮や支援方法を考える

→子供が参加している実感や達成感を得られるように，具体的に考えます。その際，「Ⓐ特別支援学級担任が行う支援」「Ⓑ子供が自分でできる方策」「Ⓒ交流学級担任にお願いする配

慮」に分けるとよいです。Ⓐでは，当日行う支援と子供のゴールをどこに設定するのかが重要です。Ⓑでは，負荷の設定と困ったときの対応策を事前に伝授することが大切です。Ⓒは，交流学級担任との打ち合わせのなかで，例えば，「指示や説明は図や文字を書きながら視覚と聴覚の両方を使って伝えてほしい」「計算が苦手で時間がかかるので電卓の使用を認めてほしい」「当てるときは『次の次に当てるよ』と事前告知をしてほしい」など，合理的配慮の範囲内で具体的に伝えます。

自閉症・情緒障害特別支援学級の子供の場合

　自閉症とは，①他人との社会的関係の形成の困難さ，②言葉の発達の遅れ，③興味や関心が狭く特定のものにこだわることを特徴とする発達障害である。その特徴は，３歳くらいまでに現れることが多いが，小学生年代まで問題が顕在しないこともある。中枢神経系に何らかの要因による機能不全があると推定されている。情緒障害とは，状況に合わない感情・気分が持続し，不適切な行動が引き起こされ，それらを自分の意思ではコントロールできないことが継続し，学校生活や社会生活に適応できなくなる状態をいう。
[教育支援資料～障害のある子供の就学手続きと早期からの一貫した支援の充実～文部科学省初等中等教育局特別支援教育課　Ⅶ情緒障害・Ⅷ自閉症　平成30年３月]

　自閉症・情緒障害特別支援学級の子供は，知的発達の遅れがないまたは著しい遅れがないため，知的障害の場合とは活動計画の作成・打ち合わせが異なります。自閉症・情緒障害の子供は，選択性緘黙，多動，常同行動などがあり，多くが意思疎通に苦手さをもっています。具体的な活動計画の作成・打ち合わせについては，おおよそ以下のように進めていくとよいでしょう。

❶ 交流及び共同学習を通して，「どのような力をつけさせたいのか」を決める
→こちらは，知的障害の子供同様，基準となる大切なものです。

❷ 教科や活動内容，参加時数を決める
→ねらいに到達しやすい教科を選びます。知的な遅れがないため，いろいろな教科での参加が考えられますが，特性的に「社会的スキル」の向上がねらいとなります。知的障害の子供よりも参加時数が増えがちなので，１週間の半数を超えないようにします。

❸ 配慮や支援方法を考える
→ここが知的障害の場合と大きく異なります。新しい場面への適応の困難さが多く見られるため，まずは活動に見通しをもたせます。そして，選択性緘黙が見られたり書くことや読むことに時間を要したり指示や説明の理解が不完全だったりと，特別支援学級で見る様子と違う姿になることが容易に予想されます。交流学級担任と予想される姿やその際の対処法，その時間に目指すゴールを十分に共有する必要があります。

第２章　必ず成功する！　12か月の仕事術　057

4月

交流学習

校内の協力体制の構築

森川　義幸

年度当初やっておきたい連携

　特別支援学級の担任が校内での連携を考える際，新しい学校に来たときは特に，前任者や前年度関わっていた支援者から情報を得ることがとても重要です。

　管理職や特別支援学級の主任から春休み中に丁寧な面談をしておいた方がよい子供や家庭の情報を得て，必要に応じて面談をしましょう。年度当初の家庭訪問では，これまでの個別の指導計画や指導要録等に目を通しておくことも大切になります。

　年度当初にニーズ調査のプリントを配付して，個別の指導計画に生かしている学校や年度末の春休みに記入して新しい年度に提出するようになっている学校があります。

　昨年度関わっていた特別支援学級担任や交流で関わっていた通常の学級の先生方，専科の先生とも連携すると子供たちの情報を得ることができます。

養護教諭との連携（健康診断の連絡や準備）

　特に年度当初は，健康診断があり，養護教諭から計画が提案されます。健診を特別支援学級で受ける子供と交流学級で受ける子供の把握，日程の把握，体育服やマスクといった準備物の連絡，必要に応じた手順書の準備などは，養護教諭や特別支援学級の主任と確認しながら進める必要があります。

　養護教諭は，子供たちの情報をたくさんもっていらっしゃるので，担任している子供の低学年の頃の情報を教えてもらうことができます。

　手順書は，必要に応じて作りましょう。健診を怖がる子供もいるので，保護者に電話や連絡帳で尋ねたり，子供たちにこれまでの様子を聴いたりしながら，計画的に手順書を作りましょう。歯科健診・耳鼻科健診，心電図等は，過去の健診で泣き出してとうとう受けることができなかったという子供もいます。そのような情報があった場合は，事前に動画で見せたり，上の学年の子供が受けている様子を実際に見せて「痛くないよ」「怖くないよ」と伝えたりしていくことで，健診をスムーズに受けることができることもあります。

研究部や生徒指導部との連携

　特別支援教育はすべての子供たちのためにあるものです。研究部と連携して校内研修のなかで，特別支援学級の一人一人の背景要因を考え，個に応じた支援の考え方や手法を取り上げることは，通常の学級の教員にとっても大切です。

　生徒指導部と連携して，不登校の支援や共通理解，改善法の提案もできます。朝，特別支援学級の子供を昇降口で待っていると，通常の学級に在籍するいろいろな子供が気になります。家庭の電気が明るすぎるために，睡眠が浅くなり，学校に行きしぶる子供に対して，お風呂の電気を消して，脱衣所の明かりで入浴するように担任を通して働きかけます。すると，睡眠の質が上がって登校がスムーズになりました。

学級支援員や教育サポーターとの連携

　学校によって名称は違いますが，学級支援員や教育サポーターが配置されています。近年，特別支援学級の担任は，複数学年の子供を６〜８名担任することがあります（多いときは４学年以上になることもあります）。学級支援員を配置する時間割の作成は，多くの学校では，特別支援教育コーディネーターの先生が担当されていることが多いと思います。コーディネーターの先生と連携して，どうしても人的な支援が必要なときは配置してもらうとよいでしょう。

通級指導教室担当の先生との連携

　特別支援学級の主任の先生や経験の長い先生に聴くことが最も日常的にできる連携ですが，通級指導教室が設置されている学校であれば，一般的に特別支援教育の専門性が高い先生が配置されますので，いろいろと相談するにはよいと思います。

窓口の確認を（巡回相談員，福祉等の相談のために）

　どの自治体であっても，校外の連携先として，巡回相談員の先生，近隣の特別支援学校の地域支援班の先生，専門家チームの先生，教育委員会の指導主事の先生と段階的に相談できる仕組みがあります。教頭や副校長が窓口になる自治体・学校が多いと思います。校外に相談する仕組みや申請書がどこにあるか知っておくことが大切です。また，障害者相談支援センターや発達障害者支援センターも，どの自治体にも設置されています。教頭や特別支援教育の経験の長い先生に必要に応じて相談できるように，どんな自治体の圏域にどんな相談窓口があるのか情報を集めておきましょう。

第２章　必ず成功する！　12か月の仕事術　059

4月

交流学習

委員会・クラブ活動への参加

後藤　清美

目的と活動内容をわかりやすく

委員会やクラブ活動は，異年齢の子供と交流する大事な機会です。子供の期待や不安に寄り添いながら，自主的に参加できるよう支援していきます。

委員会・クラブ活動に参加することがはじめての学年では，オリエンテーションの時間を設けて，目的や各々の活動内容をより丁寧に伝えます。活動中の動画があるとわかりやすいです。安心して活動できるように励ましたり，アドバイスしたりして，背中を押してあげましょう。

なお，クラブ活動は4年生から始めることがほとんどですが，前年度の3年生でクラブを見学したり希望調査を取ったりすることが多いため，そのときに説明されたことを忘れている場合もあります。新年度，活動前に改めて説明することは誤解を生まないためにも大切です。

○**児童会活動の意義**

児童会活動では，異年齢でよりよい学校生活をつくるために，児童が発意・発想を活かして話し合い，工夫して活動する自主的・実践的な活動です。（後略）

○**クラブ活動の意義**

クラブ活動では，同好の異学年の児童で認め合ったり，励まし合ったりして活動することで豊かな人間性や社会性を育成します。また，目標に向かって努力することから，責任をもって取り組んだり，自己実現を図ろうと努力したりする態度を育成します。

【引用】『小学校特別活動映像資料　パンフレット　児童会活動　クラブ活動編』
文部科学省　国立教育政策研究所　教育課程研究センター

所属の決定が1年間の活動のカギに

1年間継続して取り組む活動のため，どこに所属するかを決めるのはとても重要です。こだわりが強く，第1希望以外はやりたくないという子供もいるので，ある程度融通を効かせて優先的に決めてもらう必要もあります。また，委員会は日常の役割や仕事があるため，本人が希

望していても実際にその活動ができるかどうかは見極めなくてはいけません。難しそうな場合には，大人の考えを押しつけるのではなく本人とよく話し合って合意形成を図ります。

所属を決めるのに，もう1つ重要なカギになるのは人間関係です。仲のよい友達が一緒の方が意欲的に活動できるのであれば同じにしたり，気が合わない子とは避けたりすることも必要な配慮です。大人との関係も同様に，相性のよくない教員とは離した方がよいでしょう。

子供の希望がまとまったら，特別支援学級の担任や支援員の配置を考えます（特別支援学級の担任は，委員会・クラブの時間は全体指導をするのではなく，子供の支援につくことを学校全体で共通理解しておきます）。特別支援学級の子供の人数が多く，みんながバラバラに所属してしまうと，支援につく大人がたりないこともあるかもしれません。子供の実態にもよりますが，支援につく大人の人数に合わせて所属を調整する場合もあります。

個々に合わせた活動の支援を

❶ 話し合いや他児との交流の支援

集団やグループの話し合いで，話の意図が理解できなかったり自分の思いを伝えられなかったりして，不本意な役割になることがあります。大人が仲介して，納得いく話し合いができるように支援します。また，他児となかなか交流できないときには，支援についている大人が周りの子供と仲よくなって，子供同士が交流する懸け橋となるように心がけましょう。

❷ 役割や当番の仕事の遂行

委員会活動は，日常的に当番の仕事がある場合があります。いつ，どのような仕事があるのかを把握して，本人が忘れないように日課表に組み込んだり，朝や直前に声をかけたりします。同じ当番グループの友達に呼びに来てもらうよう頼むのも効果的です。また，はじめのうちはその仕事がうまくいくようにそばで支援します。まずは，「うまくできた」と自信がもてるようにフォローして，だんだんと支援を少なくしていくことが理想です。支援の手が離れても，「ありがとう」「がんばったね」といった声かけを忘れないようにしましょう。

❸ 集団のなかに入れないときの支援

集団が苦手で，活動している教室に入れない場合には別室で対応します。委員会等の役割分担では，支援についている大人が教室を行き来して，本人と相談しながらできそうな仕事を割り当ててもらいます。Teams や Zoom などのオンライン通信をつないで参加することも1つの方法です。クラブ活動の場合には，教材を別室に用意して，同じ活動に取り組みます。そして，例えば作品ができたときにクラブの担当の先生に見に来てもらったり，他児が帰ってから見せに行ったりして，担当の先生と信頼関係を築くようにすると，次第に教室に入ることができるようになることもあります。焦らず，でも諦めずに少しずつ交流する機会を増やしながら子供の心が動くのを待ちましょう。

第2章　必ず成功する！　12か月の仕事術　061

4月

行　事

入学式・始業式への参加

小谷野さつき

入学式について

　新1年生の子供や保護者は，小学校の生活に期待と不安をもっています。事前の準備や学校全体の支援を行うことで小学校生活のよいスタートを切ることができます。

❶ 保護者・新1年生に対して

　入学が決まった子供と保護者には，特別支援学級の持ち物などの説明と面談・行動観察を行います。子供の実態を把握することと，保護者の入学にあたっての心配事や不安に応える1つの取組だと考えています。

　入学式の準備が整った前日に，入学式の練習を行います。式次第を伝え，学校に登校してから式会場への移動や入場の仕方，どこに座るかを，当日の流れと同じように体験させます。保護者も子供がどこに座るのかがわかり，見通しをもつことができます。帰る際には，入学式の日に会えるのを楽しみにしていることを子供に伝え，保護者には，安心感をもってもらえるように心がけます。

　保護者には，子供に入学式で着用する服を事前に着させて過ごしてみることを提案しています。普段とは違う服に慣れること，締めつけなどの苦手な部分がないかを確認してもらいます。

❷ 教職員に対して

　入学式の子供の座席は，1年生担当以外の学級担任がすぐに支援できるように，教員席の隣にします。また，子供の実態を伝えて，立ち歩いてしまったときには，どのように対応するかなどを共通理解しておきます。式の妨げになる行動が予想される場合は，退室することも含めて保護者と相談しておきます。

　通常の学級の1年担任とは，配付物の確認や入学式の流れの確認などの打ち合わせを行います。教材を購入するときや出前授業に参加するときなど，今後も交流が多くあります。日頃からコミュニケーションをとることが大切です。

❸ 入学式当日

入学式が始まるまで緊張で落ち着かない子供もいます。読み聞かせや手遊びなどをして緊張をほぐすようにしています。式前には必ずトイレへ連れて行き，服装の最終確認をします。

入学式後は，写真撮影と学級指導があります。入学式で緊張のなか，がんばった子供たちは，体力・集中力も限界になってきています。明日からの生活が楽しみなことを伝え，なるべく早く終わるようにします。

始業式について

特別支援学級の場合，教室の位置やクラスメートが大きく変わることはあまりありません。そこで，子供たちが進級の喜びを実感できるように，何か1つでも新しいもの（消しゴムや鉛筆）を用意していただけるよう，保護者の方にお願いをしています。

❶ 通常の学級からの転入生に対して

転入生に対しては，通常の学級からの転級の場合は，今までの学級とルールが異なることが多いため，特別支援学級の時間割や持ち物などの説明を行います。また，面談・行動観察を行って，個別の指導計画の作成や学習グループの編成を進めます。

転入生のなかには，全校児童の前での挨拶が難しい場合もあります。その際は，無理強いをせずに名前だけ紹介するなど，実態に応じて対応します。

❷ 始業式当日

全校朝会などのときは，交流学級で整列している場合もあると思いますが，式のときには，学校のなかの1つの学級として参加するため，特別支援学級の列で整列します。

始業式は，短時間で行われる学校が多いです。普段とは異なるタイムスケジュールなので，子供が不安にならないように，前年度のうちに流れを確認しておくことも有効です。介助員などには，式の流れを伝え，どのような支援をするのか事前に伝えておきます。

着任式の担任発表や学級指導では，笑顔で子供たちの前に立つことを意識します。

子供の身長に応じた机や椅子の用意や使用するロッカーの名前表示など，始業式までに準備しておくことはたくさんあります。万全の態勢で子供たちを迎えられるように準備します。

4月

行　事

１年生を迎える会への参加

小谷野さつき

当日までの準備

多くの学校ではじめて行う全校行事が「１年生を迎える会」です。１年生も２〜６年生も「楽しかった」と思えるようにするために事前の準備や当日の支援が大切です。

❶ 打ち合わせ

１年生を迎える会では，各学年に出し物などの役割があります。１年生を迎える会の実施要項の検討のときに，特別支援学級としての役割を調整します。「会場の装飾」などは，前年度のうちに用意しておくことができます。入退場は，６年生が１年生と手をつないで行うことが多いため，特別支援学級の６年生もこの役割を積極的に担うようにします。

１年生を迎える会では，１年生は全員舞台前に設置されたひな壇などに座ります。特別支援学級の１年生の座る位置は，必要があれば何かあったときにすぐに支援できるよう端にしてもらえるように調整します。

各学年からの出し物等が終わると，１年生からの出し物（自己紹介やお礼の言葉など）が行われることがよくあります。言いやすい言葉やわかりやすいタイミングの言葉になるように調整し，特別支援学級の１年生も共に活動できるように工夫します。子供の実態に応じて数人で代表の言葉を言うこともあります。

❷ １年生の全体練習

１年生を迎える会で歌う歌や校歌や代表の挨拶は，繰り返し練習します。振付をつけて楽しく覚えることができるように通常の学級の担任と一緒に工夫します。

通常の学級とのはじめての交流及び共同学習になるので，特別支援学級について，通常の学級の１年生にもわかるように説明をします。

1年生の全体練習の前に見通しを伝えておくと，特別支援学級の1年生でも安心して練習に参加できます。また，通常の学級の1年生と自己紹介やゲームなどをして，交流を深めるようにします。

当日について

子供に応じて支援の方法は変わります。練習の時間の子供の様子から参加の方法を考えます。例えば，安心して参加するために，必要があればイヤーマフを着けて参加してもよいことにしたり，座席を後方に移動したりするなどの環境調整を考えます。また，1年生の発表の時間だけ参加するなどの時間調整も考えます。支援がなく参加できる場合には，そっと後ろから見守り，何かあったときにすぐに対応できるようにします。子供に応じた参加の方法を子供と一緒に考え，「できた」経験を積んでいくことで，子供の自尊感情を高めていきます。

学級内での1年生を迎える会

特別支援学級では，1～6年生が一緒に生活をしています。新1年生を新しい仲間として迎えるために，特別活動の一環として，お楽しみ会をすることもおすすめします。1年生は，早く学級に慣れてもらうこと，2～6年生は，上級生としての自覚をもち，相手の気持ちを考えて行動できるようになることをねらいとしています。お楽しみ会の内容は，クイズやハンカチ落とし，かくれんぼなどの1年生が楽しめる簡単な遊びをします。短い時間でも学級のみんなでする活動はとても大切です。

1年生と仲よくなろう会
- はじめの言葉
- 1年生クイズ
- フルーツバスケット
- かくれんぼ
- 感想発表
- おわりの言葉
- 先生のはなし

4月

保護者や関係機関との連携

出会いの学級懇談会
保護者面談，家庭訪問

五郎丸美穂

「教師」と「保護者」

「笑顔，ユーモア，リスペクト」
　保護者と接するときに心がけていることとして，ある先生はこの言葉を挙げておられました。
　特別支援学級の子供たちを支援していくためには，保護者との連携が不可欠で

す。教師と保護者は役割や立場が違います。でも，子供の成長を願う気持ちは同じはずです。障害や特性のある子供をこれまで育ててきた（きている）保護者に尊敬の気持ちをもち，笑顔とユーモアを忘れず，よい関係を築いていけるといいですね。

最初の出会いを大切に！

　新学期，保護者は新担任がどんな先生かとドキドキしながら過ごしていることと思います。特別支援学級の保護者ならなおのこと。"我が子のことを理解してくれる先生かな""相談事はしやすいかな"と期待と不安でいっぱいのことでしょう。
　１年間，保護者とよい関係を築いていく意味でも，保護者との最初の出会いを大切にしたいものです。

❶ 早めの声かけを

　どの学校でも，４月には保護者と担任が顔合わせする機会を設定していると思います。でもそれまでの間に，子供たちは毎日学校に登校して，特別支援学級や交流学級での生活，学習をスタートさせます。細かい配慮が必要な特別支援学級の子供たちだからこそ，できるだけ早く（できれば子供たちと顔を合わせる前に），短時間でも保護者と話す機会がつくれるとよいですね。担任の先生と我が子のことを話すことで，保護者の安心感につながると思います。

❷ 最初の保護者面談，家庭訪問

年度はじめの保護者面談や家庭訪問は，子供の様子や保護者の思いをくわしく聴き，1年間の目標を共有する貴重な機会です。

保護者との最初の出会い〜気をつけたいポイント〜

○まずは笑顔！ "担任として一緒にがんばっていきたい"気持ちが伝わるように
○その子供のいいところ，がんばっていたエピソードなど
○家庭での様子（春休み，新学期の変化，子供のよいところなど）
○保護者の願い（学習面，生活面，進路の希望など）
○確認しておいた方がよいこと（「個別の教育支援計画」や引継ぎ資料等を読んだうえで）
- 体調面で配慮すること（服薬，アレルギー等も含む）
- 登下校の方法，食事，排泄，衣服の着脱などの日常生活での配慮
- 交流教科，ベースとなる生活の場（特別支援学級または交流学級）
- 学習の進め方
- 宿題の量や内容
- 合理的配慮の確認

○"今後も連携を取り合っていきましょう"のメッセージ

---

❸ 最初の学級懇談会

保護者と担任のつながりも大切ですが，一緒に子供たちを見守っていく他の特別支援学級担任や支援員と保護者のつながりも大切です。特別支援学級が複数ある場合は，特別支援学級全体で保護者と担任団が顔を合わせる合同の学級懇談会を設定して，担任以外の教職員も子供たちや保護者を応援していることを知ってもらえるとよいですね。

また，保護者同士のつながりも大切です。特別支援学級に在籍している保護者同士だからこそ話せることもあるでしょう。自己紹介で我が子や保護者自身について話したり簡単なゲームをしたりして，保護者同士もつながりがもてるようにするのもいいですね。

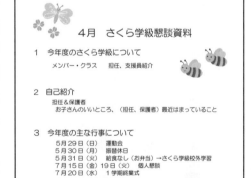

懇談会の資料も，イラストを入れたりフォントを工夫したりすると，雰囲気がやわらかくなります。

4月

保護者や関係機関との連携

連絡帳，学級通信による連携

五郎丸美穂

保護者と担任の双方が書きやすい連絡帳を

　特別支援学級の子供たちを支援するためには，保護者との日々の連携が不可欠です。特別支援学級には，学校での様子を家庭でうまく伝えられない子供もいます。また，家庭での様子や困りごとを相談したい保護者もいることでしょう。学校と家庭，双方の様子を伝えやすい連絡帳の形式を工夫するとよいでしょう。

　連絡帳には，子供ががんばっていることや楽しいエピソードなど，保護者に学校生活の様子が伝わるような内容を記入するといいですね。友達とのトラブルや課題などは，書いて伝えると真意が伝わりにくく，時に誤解を生じてしまうことがあるため，電話などで伝えた方がよい場合もあります。

記述欄は保護者と担任両方の負担にならない大きさで。下校方法を保護者にチェックしてもらう欄を作っています。

給食がんばりカードを連絡ファイルに綴じて，子供のがんばりを保護者に褒めてもらったり家庭での食事に生かしてもらったりしています。

学校の様子や担任の思いを伝える学級通信

　行事予定や保護者へのお願いなどを載せることの多い学級通信ですが，子供たちの学校生活の様子や担任の想いも，ぜひ伝えたいものです。

　保護者の多くは，我が子の学校の様子をもっと知りたいと思っています。子供たちのがんばっているところを言葉や写真で紹介することで，学校での様子がより具体的に伝わると思います。また，我が子だけでなく，学級の他の子供たちのよい面や学級の雰囲気を知ってもらう機会にもなるでしょう。特別支援学級の教師みんなが特別支援学級の子供たち全員あるいは一人一人を見守り，支援していることが保護者に伝わるとよいですね。

　また，子供との関わり方や今後の進路などについて情報がほしいと思っている保護者もいると思います。研修会や書籍で得た情報などを，保護者にもわかりやすく伝える機会もあるとよいですね。

　特別支援学級の保護者，教師が子供たちを見守っていることが伝わる学級通信になるとよいでしょう。

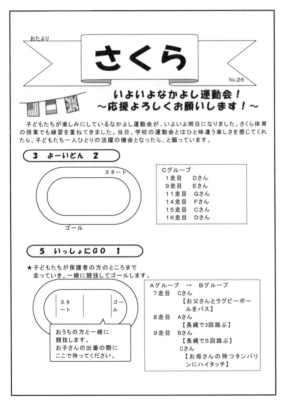

4月

その他

諸帳簿の整備
～指導要録，出席簿，健康診断票，指導要録～

小島　徹

学校は，子供たちの情報であふれています！

　教員として仕事を始めると，「学校って，こんなにも扱う書類や文書が多いのか……」ということに気づきます。そんな書類等のなかでも，特に重要なのが子供たち一人一人の状況や学びの足跡を記録した書類です。多くの個人情報を記載しながら作成し，必要な修正や変更をしながら適切に管理していくことが求められます。とりわけ「諸帳簿」と言われる記録類は，各学校で確実な作成と適切な保管をしなければなりません。

　諸帳簿のなかで，その作成と適切な保管が義務づけられているものを「公簿」と言います。また，公簿ではありませんが，それに準ずる帳簿を「準公簿」として取り扱います。

公簿	準公簿	特別支援教育に関わるもの
○指導要録 　●学籍に関する記録 　●指導に関する記録 ○指導要録の写し・指導要録抄本 ○出席簿 ○健康診断票	○通知表 ○保健調査票・保健カード ○児童生徒の名簿類 ○家庭調査票 ○緊急時引き渡し票 ○卒業アルバム　　　　　等	○就学・転学に関わる書類 ○個別の指導計画 ○個別の教育支援計画 ○関係機関との連携記録 　　　　　　　　　　　等

　通知表は公簿だと思われがちですが，「児童生徒への指導記録や進路・評価に関わる記録」であり，「準公簿」の１つです。「準ずる」とは，「同一である」という意味なので，準公簿も公簿と同様，適切な作成と管理をしなければなりません。特別支援学級では，その他にも「個別の指導計画」や「個別の教育支援計画」，「関係機関との連携記録」，就学や進学に関わる書類なども取り扱います。これらも「公簿に準ずる」重要な帳簿であると考えていきましょう。

　今でも「大変だなー」と思ってしまうことはありますが，一つ一つの書類には大切な意味があり，役割があります。それを肝に銘じながら，常に新鮮な気持ちで取り扱いたいです。

ルールを遵守し，見通しをもって取り扱おう

　諸帳簿については，作成しておくべき時期や保存すべき年限などが決められています。公簿

については，５年間の保存が義務づけられています。指導要録の「学籍の記録」については，20年間保存することになっています。また，転校や学びの場の変更等に伴う学籍変更の手続きや，新たな在籍校への諸帳簿の送付・引継ぎという作業もあり，間違えや滞りがあってはなりません。これらもしっかり確認をしながら進めていきます。

　諸帳簿の取り扱いについては，各学校にはそれぞれ保存・管理上のルールや約束事が必ずあるはずです。担任間でも共有し，確認をしながら見通しをもって進めることが大切です。

電子データとしての取り扱い

　現在，ほとんどの学校において諸帳簿の記載はパソコン入力で行われていることと思います。各市区町村ではそのための校務支援のシステムが導入されていることと思います。まずはそのシステムの取り扱いに慣れていくことが肝要です。そのうえで，個人情報としての取り扱いに十分注意を払いながら，適切に作成を進めていきましょう。作成から保管，学校間のやりとりなどについては，ルールに沿って確実に進めていきましょう。

指導要録の記載について

　特別支援学級では指導要録の「指導の記録」の様式が，通常の学級とは異なる様式になっていることもあります。特に知的障害特別支援学級では，各教科等の学習の記録や評価を評定ではなく，文章で記載していくことが多いです。自閉症・情緒障害特別支援学級では通常の学級の各教科の内容に基づいて学習を行うので，基本的には通常の学級の様式で記載していきますが，自立活動の状況や指導上必要となる事項をどう記載していくのかは，各市区町村のルールや書式に沿って進めていく必要があります。

個人情報を守る・生かす　すべては子供たちのために！

　前述しましたが，学校はとても多くの個人情報を扱います。個人情報を丁寧に扱い，守っていくことは「子供たちを守る」ことに他なりません。また，大切な個人情報や指導・支援の記録をしっかりと引き継ぎ，その情報を生かすことで「切れ目のない支援」を可能にし，子供たちの日々の学びを守ることになります。学校の仕事は多岐にわたり，大変忙しい毎日です。本当にお疲れ様です。そのようななかではありますが，子供たち一人一人の顔を思い浮かべながら丁寧に，そして確実に諸帳簿の取り扱いを進めていきましょう。わからないことや不安なことはそのままにせず，先輩や管理職に声をかけて教えてもらいましょう。不安なことは１つでも減らし，その分子供たちへの指導や支援に力を費やしていけるとよいですね。

第２章　必ず成功する！　12か月の仕事術　071

4月

その他

学級経営案の作成

知的障害特別支援学級

小島　徹

学級経営案の作成と共有でチームとしての力を高めよう！

知的障害のある子供の実態は多様です。特別支援学級では多くの場合，複数担任がチームとなって日々の指導・支援を進めていきます。多様な実態と一人一人のニーズに的確に応えるためには，学級としての一貫性と連続性ある指導や支援が求められます。その土台となる重要なツールが学級経営案です。学級経営案の作成と共有は，子供たちが安心してチャレンジできる学習環境をつくります。そんな環境は保護者からの信頼も高めていくことでしょう。

知的障害特別支援学級の学級経営案作成のポイント

令和〇年度　〇〇学級　学級経営案

【学級の教育目標（願い・目指す姿）を再確認】　＊形骸化せず，新鮮な心もちで！
　◇学校の教育目標や経営方針をふまえて
　◇将来の自立・社会参加を目指すために，今積み重ねたいこと
　◇知的障害特別支援学級の果たすべき役割をふまえて

【知的障害のある（在籍している）子供の実態と集団の状況】
　◇一人一人の実態（実態票や個別の指導計画の作成・活用）と学級集団の状況
　◇校内・学級内の指導体制とチームとしての力量・もち味　　　◇個別対応の状況　　　等

【教育活動展開の方針・重点】
　◇クラス編成や学習グループ・生活グループ等の編成と活用　　　◇教室環境の在り方
　◇重点を置く活動と取組指針　　　◇保護者や関係諸機関との連携に関わる事項

【具体的な指導の方針と計画】　＊「特別な教育課程」での指導をふまえて
　◇各教科の指導……「学年」ではなく「段階」を基にした学習内容と評価
　◇各教科を合わせた指導……日常生活の指導・生活単元学習・作業学習（中学校）
　◇交流及び共同学習の取組……特別支援学級での指導や支援を基盤として
　◇特別活動（学校行事への参加）　　　◇生活指導・進路指導　　　◇理解啓発

＊各学級で具体的に取り組みやすいよう，項目設定や記載の仕方は工夫しましょう。

その他

学級経営案の作成
自閉症・情緒障害特別支援学級

小島　徹

作成と共有…その願いは同じです！

　自閉症・情緒障害特別支援学級においても，教育活動の方針を検討し，経営案として作成・共有していくことの意味や意義は同じです。自閉症・情緒障害特別支援学級でがんばる子供たちの実態や教育的ニーズを的確に捉えて，教育課程の構造（原則「通常の学級の教育課程＋自立活動」）をふまえながら検討していくことが大切です。

自閉症・情緒障害特別支援学級の学級経営案作成の考え方

◇自閉症・情緒障害特別支援学級の教育目標（願い・目指す姿）
◇自閉症・情緒障害特別支援学級が果たすべき役割

◇教育課程の構造
・各教科や領域等は通常の学級に準ずる
・「自立活動」の時間を適切に設定し指導を展開
・教科等を合わせた指導は原則行わない

◇子供の実態と教育的ニーズ
◇指導体制
・チームの力，持ち味
・学年を基本とした小集団
・複式の形態によるクラス編成と指導

学級の経営方針や重点

教育活動の方針・計画

具体的に検討し，記載していきたいポイント
◇教室環境や指導体制　　◇複式の形態による指導を進めるうえでの配慮・工夫
◇自立活動の充実に向けた具体的方策　　◇保護者・関係機関との連携
◇知的な面で学習上の配慮を要する子供への対応　　◇進路指導の在り方
◇実態とニーズをふまえた交流及び共同学習の展開　　　　　　　等

4月

その他

年間指導計画の作成

知的障害特別支援学級

小島　徹

豊かで手応えある学びを実現するため

　知的障害のある子供たちのニーズに応じ，豊かで手応えある学びを実現するための具体的な活動プランが年間指導計画です。編成された「特別の教育課程」や学級経営案に込めた願いや方針をふまえながら作成していきます。はじめから1年間を見通して考えたり，実践したりすることは難しいかも知れません。まずは子供たちへの理解を深め，実際に活動する姿をイメージしながら意図的，計画的に日々の実践に力を尽くしていくことが一番の近道です。

主な指導内容	年間指導計画作成のポイント
各教科	◇各教科の指導は学年やクラスで行う場合と，障害の程度や状況を考慮して編成する学習グループで行う場合とがあります。指導の進め方に応じて扱う単元を編成していきます。 ◇子供の前年度までの学習状況を確認し，各単元で取り組む内容や課題を適切に設定していくことが大切です。 ◇教科等を合わせた指導との関連を大切にしましょう。生活単元学習で取り組む活動内容と関連づけながら学習できるよう，時期や内容を工夫していくことが大切です。
日常生活の指導	◇学校生活の流れのなかで，基本的な生活習慣や身辺処理等，自分の生活を主体的に営んでいくための力と意欲を育みます。 ◇時期に応じて取り組むべき内容と，年間を通して日々継続して取り組んでいくべき内容があります。それらを意図的に計画して進めていきましょう。
生活単元学習 作業学習 （中学校）	◇季節や時期に応じた単元，学校行事と関連した単元，作業的な活動を柱とした単元など，子供の興味関心や日々の実生活との関連や発展をねらい組んでいきます。 ◇作業学習では，生徒に育みたい資質や能力をふまえ，作業種を検討していきます。 ◇各地域や学校の特色を生かした単元なども計画してみたいですね。 ◇各教科等との関連を図れるよう，各単元の内容を横断的な視点で捉えながら編成していきましょう。
道徳	◇学校生活や家庭生活，集団での活動等，日々の具体的な事柄と関連づけながら道徳的な価値に自然に向き合えるよう計画します。
自立活動	◇自立活動の時間を特設する場合，子供の状況に応じて適切に時数を設定します。扱う区分や項目は一人一人異なるので，活動の内容（テーマ）や指導方法（SST等）を工夫しながら計画します。 ◇各教科等を合わせた指導のなかで自立活動を扱う場合でも，自立活動としての指導目標や達成のための活動等を意図的に行います。

その他

年間指導計画の作成

自閉症・情緒障害特別支援学級

小島　徹

基本は「各教科等」＋「自立活動」の年間指導計画

　自閉症・情緒障害特別支援学級では，「各教科等を合わせた指導」は行いません。通常の学級に準ずる指導内容＋自立活動について年間の指導計画を作成します。子供の実態や指導体制等をふまえて，工夫や調整をしながら進めていくことが重要です。

主な指導内容	年間指導計画作成のポイント
各教科	◇原則として当該学年の各教科の履修内容（単元）について年間を見通して作成します。子供の実態に応じ，単元を扱う時期や順序，指導にあてる時間などを確認します。 ◇複式での指導を行う場合もあるので，効果的に指導が行えるよう，扱う順序や内容等を調整する必要もあります。 ◇知的な面で配慮を要したり，学び方や理解に偏りがあったりする子供への配慮について検討するとともに，一人一人の履修状況や学習状況を確実に把握することが大切です。 ◇音楽科や図画工作科等，専科担当や講師が指導を行うこともあります。指導者間で共通理解を図りながら作成・実施をしていきます。
道徳	◇年間を見通し，学校生活の流れや時期に応じたテーマも設定しながら道徳的な価値に触れさせていきます。教科書や副読本等，使用する教材等も計画的に準備していきます。 ◇自立活動の「人間関係の形成」「コミュニケーション」等の視点と関連づけて計画していくことも重要です。
特別活動	◇学級活動を中心に年間指導計画を作成し，学年で，複数学年で，または学級全体での指導等，集団での関わり合いを豊かにします。
総合的な学習の時間	◇総合的な学習の時間は，本来「各教科等を合わせた指導」とは異なりますが，各教科等と横断的に関連づけながら進める学習として重要になります。 ◇日々の生活や活動との関連を大切にして，子供が自分事として考え，取り組んでいける単元（テーマ）を組んでいきます。 ◇学校全体でのテーマがあれば，時期や内容なども調整しながら学級でも計画しましょう。交流及び共同学習のよい機会となります。
自立活動	◇子供の実態に応じて適切に時数を設定します。「心理的な安定」「人間関係の形成」「身体の動き」「コミュニケーション」等を指導区分の柱としながら年間の計画を立てていきます。 ◇一人一人指導すべき項目は異なるので，個別の指導・小集団での指導・大きな集団での指導等，指導形態を確認していきます。 ＊自立活動で時数をとる場合，各教科等から時数を減じる必要があります。学級の状況に応じ適切に調整します。

4月
5月
6月
7・8月
9月
10月
11月
12月
1月
2月
3月

第2章　必ず成功する！　12か月の仕事術　075

4月

その他

授業づくり
～週案の作成，教材教具の準備～

知的障害特別支援学級

小島　徹

週案（週ごとの指導計画）を武器にできる先生になろう！

　「週案」は学習活動を，意図的・計画的に進めていくための基本となるツールです。年間指導計画や月ごとの予定，学習の進捗状況等を基にしながら作成します。知的障害特別支援学級では，各教科等を合わせた指導や発達段階別の学習グループで学習を展開することが多いので，担任間で確認をし，共通理解を図りながら作成していくことが大切です。

知的障害特別支援学級の授業づくりのポイント

【興味や関心を喚起する生活経験との関連づけ】

　子供たちが活動への意欲や学びの当事者である意識を高める教材や教具であることが大切です。生活経験や各教科等を合わせた指導での活動と上手に関連づけていきましょう。

【活動の展開を工夫】

　子供たちに，授業のめあてと活動の流れを示し，見通しをもって取り組めるような工夫をしましょう。また，45（50）分を例えば「15分×3コマ」と考え，身体動作や操作活動，共有や発表の場，個別学習と小集団活動など展開を切り替えてみることも有効です。

【手応えや実感を高める活動や教材教具の要件（キーワード）】

◇具体的で実際的　　◇「五感」や身体動作の活用　　◇楽しさと達成感　　◇失敗をチャンスに
◇一人一人の「できる状況づくり」　　◇子供自身が乗り越えていく最適な課題
◇繰り返しと継続した取組　　◇本物の体験と質の高い模擬体験（ICT活用も）

【多様な集団編成】

　学習活動のねらいに応じて「生活年齢」「発達段階や特性」「習熟度」「個別指導優先」等を視点にした多様な学習集団を工夫し，活用していきましょう。

【教科用図書】

　特別の教育課程を編成した場合は，当該学年の教科書に替えて子供の実態や学習目標に応じた教科用の図書を使用することができます。ねらいに応じて効果的に活用しましょう。

その他

授業づくり
～週案の作成，教材教具の準備～

自閉症・情緒障害特別支援学級

小島　徹

「計画・確認・振り返り」で確かな日々の実践を

　自閉症・情緒障害特別支援学級でも週案作成の意義と手順は同じです。週案作成の際には単元名だけでなく，めあてや主な活動についても明記します。予定変更や授業場面での内容の修正等は，忘れずに記載しましょう。自閉症・情緒障害特別支援学級では，学年集団を基本として指導しますが，複式による指導や，交流及び共同学習を通しての指導などもあります。

授業づくりのポイント（ほんの一部ですが，大切にしてみませんか！）

□子供たちの活動参加や見通しを高める学習環境を工夫する。
□一斉指導，個別学習，作業や話し合い等，目的に応じたスペースを設けて活用する。
□ユニバーサルデザインの視点を生かした教室環境を構築する。
□学習及び生活上の困難を軽減するための支援を行う。例えば……
　　•感覚過敏　　•予定の変更に不安　　•環境の変化が苦手　　•身体動作のぎこちなさ　　等
□教材研究を十分に行い，予想される困難さとそれをサポートする手立てを準備する。
□ICT環境や１人１台端末を活用した授業づくりにチャレンジする。
□板書の活用や学習ノートへの記入など，通常の学級での授業を意識した活動を行う。
□子供たちが力を発揮し，「わかる・できる」ための状況づくりがされている。
□授業では子供たちが今，何をしているのか（授業の現在地）がわかるよう工夫する。
□複式による指導では，それぞれの学年に「先生による指導」「個別の学習」「活動の共有」の場面を設け，子供たちが見通しをもって学習に取り組んでいる。
□複式による指導や交流及び共同学習での学習のために，単元や内容の調整をしている。
□各教科等の指導においても，「自立活動」の視点で，子供たちの課題にアプローチする。
□自立活動では，実態や一人一人の課題（区分・項目），手立てが共有されている。
□自立活動では，各教科や領域の内容を活用し，子供たちが課題（テーマ）を共有しながら学習に取り組んでいる。

タブレットの活用

その他

4月

後藤　清美

教科書やノートとして活用

　発達に特性がある子供のなかには，読み書きに苦手意識をもっていることが少なくありません。低学年のうちから安易に ICT に頼ることは避けたいですが（読み書きの困難さの原因が多様なため），学びやすさにつながるようにうまく活用していきたいものです。

❶ 教科書や本

　読みに苦手さがある場合に，音声教科書や読み上げ機能が使えると自力で学習しやすくなります。大人が代読することもできますが，自分のペースでできなかったり，大人がいないと対応できなかったりするため，音声機能を使えるようになると便利です。

　音声教科書の 1 つに「DAISY（デイジー）」と呼ばれるものがあります。ログイン名とパスワードが必要なため，本人（ご家族や支援者）が申請して取得するか，自治体によっては教育委員会が一括して提供している場合があるので教育委員会に申請を出します。DAISY には，デジタル図書（デイジー子どもゆめ文庫）の提供もありますので，この機能を利用して読書の楽しさを味わわせたいものです。インターネット検索をしても，漢字が読めなかったり文章の量が多くて読む気にならなかったりすることがあります。端末の読み上げ機能を利用することで，読みの負担を減らせます。イヤホンを利用する等，周囲への配慮も考えましょう。

【参考】iPad の読み上げ機能：[設定]→[アクセシビリティ]→[読み上げコンテンツ]→[選択
　　　　項目の読み上げ]をオン

❷ ノート

　書字に苦手さがあったり，手先の不器用さがあったり，文章を組み立てて書くことが苦手だったりする子供は，作文や新聞などの書く活動を避けたがります。しかし，タブレット等を用いることでやる気が出ることもあるので，手書きか端末利用かを子供が選べるようにするとよいでしょう。ノートとして使うソフトは，利用している端末により異なりますが，いずれにしても課題になるのが "キーボード入力" です。小 3 でローマ字を習ったとしても，それを覚え

るもしくはローマ字表を見ながらキーボード入力をするのは非常にハードルが高いです。まずは，フリック入力や音声入力，手書き入力からはじめ，端末を利用すれば作文や新聞が書けるのだと自信をもたせることが大切です。そして，子供がやる気になったときに，少しずつタイピングの練習をしていきます。

使い方の指導と合理的配慮

　特別支援学級に限らず，教師を悩ますのはICTの使い方です。インターネットにつながる端末の場合，教師が気づかないうちに授業とは関係のないサイトを閲覧していたり，ネット上のゲームをしていたりすることもあります。何度声をかけても改善されないと，どうしても大人が管理したくなりますが，年齢と子供の特性を考えてどのように支援していくか考えましょう。大人が管理するのは簡単なことですが，自己管理する力を育てるのも大切です。

　学校にはよく「スタンダード」と呼ばれるルールの一覧がありますが，大人や児童会・生徒会がつくったスタンダードを守れる子ばかりではありません。その子からすると"勝手につくられたルール"を守りなさいと言われても納得しがたいのでしょう。そのような場合，ICTの利用目的（合理的配慮），メリットとデメリットを丁寧に指導したうえで，本人とルールをつくっていきます。しかし，そのルールもすぐに守れるわけではありません。トライ＆エラーを繰り返す前提で，守れなかったときにはその原因は何か，どうしたらよいか考えて，時にはルールを見直すことも必要です。この振り返りが，自己認知，自己決定につながるのです。また，ルールづくりは，学級全体で話し合うことも効果的です。他者のいろいろな意見を聴くことで，知識を広めたり，共感したりすることができます。ルールを守っていない人を取り締まろうと子供同士が注意し合うのではなく，互いに励まし合い認め合える学級にしていくことが大切です。

情報モラルとネットリテラシー

　小学校では教科として設けられてはいませんが，ICTを正しく活用できるように早いうちから指導することが大切です。ネットいじめ，個人情報，著作権，依存症など，ICTを活用するたびに一言注意を促すことで，子供の心のなかに残ります。ネットリテラシーに関わる授業を計画的に行い，家庭と連携することも大切です。子供たちがいつの間にか被害者にも加害者にもならないために，しっかり指導しておきましょう。

【参考サイト】
● マルチメディアデイジー教科書　https://www.dinf.ne.jp/doc/daisy/book/daisytext.html
● デイジー子どもゆめ文庫　https://yume.jsrpd.jp/

今月の見通し

5月 ルールの再確認と 行事への円滑な参加

喜多 好一

今月の見通し

学校生活に関わる指導

子供理解
- 学級の仲間づくり

交流活動
- 障害者理解教育
- 交流活動の進め方

行事
- 運動会への参加
- 春の遠足等の校外学習の計画と実施
- 安全教育

保護者や関係機関との連携
- 校内委員会との連携

その他
- 特別支援学級の家庭学習
- 学習指導案のつくり方

学校生活

❶ 大型連休明けの子供一人一人の心の変化を把握する

　5月のはじめに大型連休があり，子供たちのなかには家族と共にレジャーや旅行を満喫する子も多いでしょう。一方，どこにも出かけなかった子もいます。連休明けに登校する子供から，連休中に家庭でどのように過ごしたか様子を聴き取り，子供の心の変化を感じ取りましょう。

　また，大型連休中に生活リズムが崩れてしまった子の把握もする必要があります。

　表情や態度などに4月までに見られなかった様子があったら，機を逃さずに個別に丁寧に聴き取ったり，連絡帳や電話で保護者から情報収集したりすることが大切です。

❷ 心と体の調子を把握して，学校生活のリズムを取り戻す

　5月に入ると，進学や進級による環境への緊張感が薄れてきます。大型連休による生活リズムの乱れも見られます。また，4月にがんばってきた疲れが一気に出て，精神的，身体的に不

調になる子も出てきます。

　このような子供には，毎日の健康観察をいつも以上に丁寧にすることを心がけましょう。知的障害や自閉症・情緒障害の特性として，心や身体の不調を言葉で伝えるのが苦手なこと，身体の不調に鈍感なこと，ストレスへの自覚が乏しいなどがあります。このような特性を理解したうえで，4月に定着を図った学級での生活リズムを取り戻す手立てを徐々に打っていくことが重要です。

学級経営のポイント

❶ 生活習慣と学習ルールの再確認

　登下校の仕方，朝や帰りの支度，朝の会や帰りの会の進め方，休み時間の過ごし方，掃除や給食の仕方など，学級生活の1日のルーティンを改めて一つ一つ内容の手順などを丁寧に子供と共に確認をして徹底を図っていきましょう。また，学習ルールに関しても，前日の授業準備の仕方，持ち物の確認，授業のはじまりや終わりの挨拶の仕方，座り方，挙手の仕方，話し方，聴き方，ノートの取り方など，学校や学級で統一している学習規律の再確認をしていきます。知的障害や自閉症の特性に応じて，それぞれの手順やきまりについては，教室内に絵や手順表などを掲示して，視覚化を図っていくとよいです。子供たちが忘れてしまったときや確かめたいときに，目につくところに掲示してあることで助けになります。

❷ 学校行事への円滑な参加に向けて

　5月には，学校単位あるいは特別支援学級独自で春の遠足を実施する学校，また，春の運動会を開催する学校が多くあります。学級で遠足をする際は，学級の仲間づくりをねらいとすることに加えて，いつ，どこへ，だれと，何を，どのようにするのか等を押さえながら，行き帰りの道順や歩道のマナー等を指導することが大事です。生活単元学習の1つの単元として学習計画を立てて指導していきましょう。運動会に関しては，交流学年に参加するのか，学級独自で参加するのかにもよりますが，運動会に見通しをもって安心して参加できるよう，個々の参加のねらいと手立てを明確にして臨むことが肝要です。

仕事のポイント

　5月になると通常の学級との交流の機会も増えたり，学校行事に参加したりして，特別支援学級の教室外での活動が増えます。小集団の集団生活に慣れてきた子供たちにとって，交流学年や学校全体などの大きな集団とのふれあいは大きな負担となり，不安につながりますので，その解消を図って参加できるよう，事前の備えとオリエンテーションを丁寧に行いましょう。

第2章　必ず成功する！　12か月の仕事術　081

5月

教室掲示

運動会に向けての掲示と事後の図工作品

本山 仁美

運動会にむけて

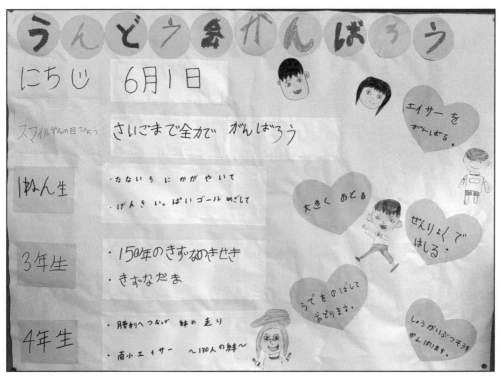

　5月に運動会が開催される学校が多いです。本校も5月に開催しています。そこで，5月の掲示は運動会に向け，子供が前向きに取り組むことができるような掲示物にしています。運動会は交流学級の学年種目に交流学級の友達と一緒に参加しています。

　1年生にとっては，はじめての運動会。どんなことをするのか，練習はどのくらいあるのかなどを子供と一緒に確認をし，見通しをもって参加することができるようにしています。視覚化をすることで，見通しをもつことができる子供もいるので，運動会までの練習日程，競技種目，めあてなどを体育や生活単元学習の時間に作成して，掲示をしています。掲示したものを見ることで，子供たちが主体的に安心して過ごすことができるようになるといいです。

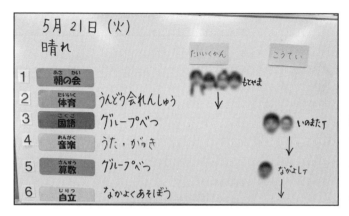

運動会練習のときは、担任が不在になったり 同じクラスでも学年によって取り組むことが違ったりします。子供がわかりやすいように、「だれ」が「どこ」に行くかを確認できるようにしています。

図工作品の掲示

　運動会が終わったら、写真を見て振り返りをしています。その後、思い出に残ったものを図画工作科の時間に絵を描いたり、国語科の時間に作文を書いたりしています。

　特に、運動会の絵は時間をかけて仕上げた思い入れのある作品です。子供ががんばって描いた作品を1枚1枚大切に飾っています。作品を見返したときに、運動会のことを思い出すことができるように、何をしている絵なのか、どんな気持ちだったのか等の感想を一言添え、作品カードを作っています。振り返りをするときにも使うことができます。また、鑑賞の時間に、友達の作品を観るときにも作品カードがあるとわかりやすいです。

　自分の描いた作品を褒めてもらうことで、意欲的に取り組むことができるようになります。

5月

子供理解

学級の仲間づくり

中嶋　秀一

仲間を認め，受け入れるための指導・支援

　先生と子供のあたたかな関係性は，子供同士の関係のモデルになります。学級の仲間づくりは先生と子供の関係づくりがベースになります。先生の口調や感情表現，子供を認め受け入れる姿が子供同士のコミュニケーションに大きく影響します。

　「挨拶」は関係づくりの第一歩です。自分から声を出して存在をアピールし，返事で相手を認める習慣が，学級への所属感や安心感につながります。「ありがとう」や「いただきます」など，気持ちを言葉にこめた挨拶は SST の基本です。

　「ルールを守る」ことで，公平感のある学級のよい雰囲気が生まれます。ダメなことはダメ，と先生が毅然と判断して不公平感を防ぎます。学習規律や時間の約束が成り行きで崩れてしまわないよう気をつけましょう。話をしている人に顔を向ける，話を最後まで聴く，発表には拍手を送るなど，相手を認め尊重するためのルールやマナーも大切です。

　先生が子供の「よいところを見つける」ようにすると，子供同士が認め合う関係が生まれます。どんな些細なことも先生が褒めてあげましょう。失敗も間違いもリフレーミングして，ポジティブな言葉で子供を認めましょう。

仲間の排除を防ぐための指導・支援

　言葉で言えなくなると手や足が出て「暴力・強すぎる力」を使う子供には，気持ちの伝え方を先生と一緒にロールプレイし，SST の指導をします。DCD（発達性協調運動障害）の傾向がある子供は，力加減が苦手で乱暴だと思われがちです。体育や遊びを通して身体感覚を伸ばし，仲よく遊ぶための力加減を実践的に指導しましょう。「悪口，からかい，しつこさ」が友達を不安にさせ，怒らせる場合もあります。思ったことを口にするのは ASD の特性ですし，「乱暴な言葉」を発してしまうのは不安や不満に過敏で愛着障害が背景にあるかもしれません。行動が固まってしまうのはトラウマ反応かもしれません。良好な人間関係を育てていくうえで，障害特性や 2 次的な障害を深く理解することが大切です。根拠に基づいた，言葉や行動の支援が

望まれます。

仲間を認め，仲間をつくる授業のポイント

　カルタ遊び（国語科），すごろく（算数科）などの活動は仲間づくりを促進します。他にも，以下のような授業や活動が考えられます。

【発表・交流】「お寿司を食べました」「お手伝いをしました」など，朝の会で昨日の出来事を発表すると，共通する生活経験が子供同士の共感を生みます。授業や行事で共通体験したことの交流も，「公園の滑り台が楽しかった」「私も！」と，共感的な仲間づくりにつながります。

【図画工作科・調理】道具の「ゆずり合い」や作業が上手な上級生への「憧れ」が，信頼や友好関係を高めます。先生が子供の「よいところ」を言語化し，子供たちが「やさしい顔」で互いの「よいところ」を認め合えるように支援しましょう。

【給食・清掃】だれかのために働いて「ありがとう」と言ってもらえるチャンスです。困っていたら「手伝う」，頼まれたら「協力」を促して，「ありがとう」が溢れる学級を目指しましょう。

　「仲よくしよう」と目標を掲げても抽象的すぎて，子供たちは具体的な方法がわかりません。意識してほしいことを具体的に選んで教室掲示し，主体的な仲間づくりを支援しましょう。

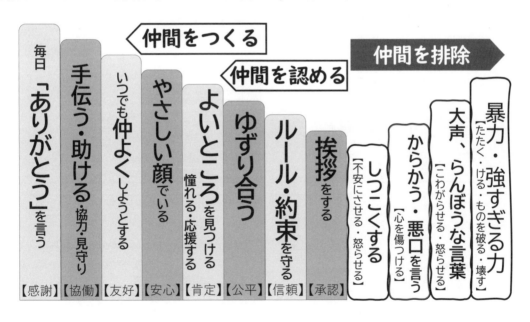

【参考文献】
- 阿部利彦，赤坂真二，川上康則，松久眞美 著『人的環境のユニバーサルデザイン』東洋館出版社
- 中井昭夫，若林秀昭，春田大志 著『イラストでわかる　DCDの子どものサポートガイド』合同出版
- カーリ・ダン・ブロン／ミッツィ・カーティス 著，柏木 諒 訳『これは便利！5段階表』スペクトラム出版社

5月

交流学習

障害児理解教育
～特別支援学級の紹介～

知的障害特別支援学級

森川　義幸

通常の学級の子供への障害児理解教育の工夫

　保護者が我が子の得意なことや苦手なことをわかりやすくスケッチブックにまとめて絵本を作られました。朝の読み聞かせの時間や授業のなかで，お母さんが絵本を読んでくださいました。3年生から始めて，成長に合わせて4年生では内容を変えられました。交流学級の担任も，その紙芝居の内容を一緒に聞き，障害理解の重要性やその子供の学び方の特性に合わせた支援方法について情報を共有することができました。特別支援学級担任が話すにしても，保護者と一緒に話すにしても，保護者としっかり話をして協力して実践することが重要です（絵本から抜粋して載せています）。

交流学習

障害児理解教育
~特別支援学級の紹介~

自閉症・情緒障害特別支援学級

森川　義幸

人研集会（きずな集会）での特別支援学級の発表

　本校の人権集会（きずな集会）は毎年6月にあります。学校がどうしたら安心できる場所になるか，楽しい場所になるか，そのために自分たちでできることは何か考えます。体育館に全校児童（600人）が集まる集会の場で，特別支援学級（スマイル学級）の子供も発表します。昨年度の「スマイル宣言」を見直し，内容（新しくつけ加えた方がいいもの）や言葉を話し合って決めます。たくさん練習して，体育館のステージで発表することができました。

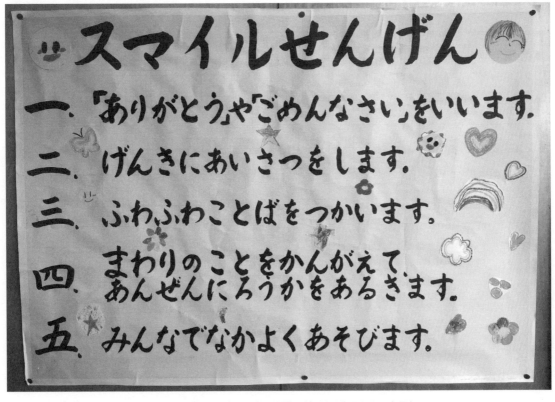

令和6年度のきずな集会で実際に使った「スマイル宣言」

5月

交流学習

交流及び共同学習
交流活動と交流学習の進め方

倉橋　雅

> 　交流及び共同学習は，相互の触れ合いを通じて豊かな人間性を育むことを目的にする交流の側面と，教科等のねらいの達成を目的とする共同学習の側面があり，この二つの側面を分かちがたいものとして捉え，促進していく必要があります。[交流及び共同学習ガイド第1章 p.1　平成31年3月文部科学省]

　2024年の障害者基本法の一部改正から「交流及び共同学習」と表記されていますが，わかりやすくするために，「共同学習」を交流学習と置き換え，以下に説明します。

交流活動で大切なこと

> 　小中学校等の特別支援学級に在籍する子供については，通常の学級に在籍する子供と共に学ぶ機会を積極的に設けることが重要である。そのため，特別支援学級の子供が，特別支援学級に加え，同じ学年の通常の学級にも在籍し，通常の学級の一員としても活動できるような取組を充実し，子供一人一人の障害の状態等や個々の事情を勘案しつつ，ホームルーム等の学級活動や給食等について，可能な限り共に行うことが必要である。[障害のある子供の教育支援の手引 p.32　令和3年6月文部科学省]

　交流活動に関しては，特別支援学級の子供の実態やニーズに応じて，交流する通常の学級の日常的な活動を一緒に行うことの必要性が述べられています。朝の会や帰り会，給食，掃除，休み時間の遊びに加え，交流する学年行事へもできるかぎり参加していくことが求められます。これらのことから「交流活動」は，特別支援学級に在籍する子供にとっても通常の学級に在籍する障害のある子供にとっても，子供同士や交流学級の担任との間等において双方向に触れ合い関わり合うなかで，個に応じた指導を通してその子にどのような人間性を育んでいくのか，どのような力を身につけさせていくのかが大切であり，ねらいとなります。

交流学習の進め方【特別支援学級に在籍する子供】

　「障害のある子どもの教育支援の手引」には，交流学習（教科学習）について，子供一人一人の障害の状態等をふまえ，共同で実施することが可能なものについては，年間指導計画等に

位置づけて，年間を通じて計画的に実施することが必要であると記載があります。また，実施にあたっては，特別支援学級の子供が，通常の学級で各教科等の授業内容が分かり学習活動に参加している実感・達成感をもちながら，充実した時間を過ごしていることが重要であるとしています。まずは，これからのことをふまえながら交流学習を進める必要があります。

　特別支援学級に在籍する子供は，知的発達や言葉の遅れ，適応行動の困難性，興味や関心が狭く特定のものにこだわりが強くあるなどの障害特性をもっています。また，知的障害，自閉症・情緒障害を問わず，他者との意思疎通や人間関係の形成に困難さがあり，はじめての場所や環境の変化への適応を苦手とする子供も多く在籍しています。

　交流学習を進めるうえでは，上記のような個々の苦手さ・課題をふまえて再度一人一人の実態把握を丁寧に行い，「何のために交流学習を行うのか」を明確にすることが大切です。そして，交流学級担任との情報共有はもちろん，実態によっては本人と共有する必要があります。

　私は交流学習に不安感や苦手意識が特に強い子供には，交流学習のねらいや「交流学習を通して見つけてほしいコミュニケーション力が近い将来（小学校なら中学校で）どのように役立つのか」を具体的に話しています。そうすると，子供は自分のやるべきことがわかり，活動に見通しをもつことにもつながり，不安ながらも交流学習に意欲的に取り組めるようになりました。交流学習のねらいの明確化や共有化はとても大切ですが，何より交流学習参加へ向けた本人の気持ちや考えを聴くことが最重要となります。本人の気持ちや参加意欲に寄り添い，学年の先生方の理解と協力を得て学校全体で進めていくと大きな効果と深い学びが生まれます。

特別支援学級で通常の学級に在籍する子供が学ぶ交流学習

　通常の学級において，「学習面又は行動面で著しい困難を示す」小・中学校の子供は8.8%と示されています。小学校だけであれば，10.4%となっています（令和4年12月13日　文部科学省初等中等教育局特別支援課）。子供の障害や苦手さの程度は様々ですが，多様な学びの場を考えたときに，通常の学級に在籍する支援を必要とする子供が特別支援学級で交流学習を行うことも選択肢の1つとして考えられます。

　本校では，国語科や算数科の理解に課題がある子，一斉指示での学習に困難さがある子などに特別支援学級で取り出し学習を行っています。交流学習を始めるきっかけは特別支援学級の子供と一緒に学ぶ交流学習ですが，どの子も大きな集団での学びに課題があったり人との関わり方に苦手さがあったりすることは共通しています。

　週時間数や「単元だけ」など学習頻度はその子によって違いますが，通常の学級に在籍する子供においても，丁寧な実態把握と「何のために交流学級を行うのか」を明確にすることは変わりません。違いは，発達教育支援センターなどとも密に情報共有を行い連携して取り組むことや，保護者へねらいを十分に説明して理解と協力を得てから進めることです。

第2章　必ず成功する！　12か月の仕事術　089

5月

行　事

運動会への参加

小島　久昌

事前の準備

　多くの特別支援学級の子供は，通常の学級の学年プログラムに一緒に入って運動会に参加することが多いと思います。事前の準備・練習の際に留意すべき事項は以下の通りです。

❶ 表現

　どのような内容を通常の学級の担任が考えているのか打ち合わせを行います。使用する曲に親しむ時間を設けたり，基礎的な動きや使用する用具の使い方に慣れたりする時間を設定します。

　全体の隊形や隊形移動について通常の学級の担任と相談します。通常の学級の学級数や特別支援学級の子供の人数，隊形移動の難易度によって立ち位置を仮に決めておきます。また，立ち位置によって異なる衣装や装飾の色なども決定して注文します。

❷ 競技

　表現と同様に通常の学級の担任と打ち合わせを行います。そのなかで，ルールや特別支援学級の子供の順番，競技中の各教員の立ち位置などについて共通理解します。練習を行うなかで変更が生じる可能性がありますが，ここで一度打ち合わせを行っておくことは有効です。

　競技と本人の特性が合わなくて，特別支援学級の子供にとって危険を伴うことがあります。その場合は，個別の対応で危険を避けることができるのか検討します。必要に応じて，本人と保護者と一緒に，例えばスターターの役割を担うなどについても検討します。

❸ 徒競走

　実施要項に応じた方法で一人一人の記録を正確に計測しておきます。

　スタート（手と足の位置・前傾姿勢・静止），コースを守って走る（学年によっては周回する），ゴール（走り抜ける・等賞旗に並ぶまでの方法）などについては，学年で練習する時間を確保することはあまりないので，運動会の練習期間以前に学級で十分に指導しておくとよい

かと思います。

　エントリー表を作成する際に留意すべき事柄があります。特に周回コースはコースを守って走ることが難しいことがありますが，そのような子供の場合は1コースでエントリーするようにします。1コースですと内側のラインだけを意識して走ることができますし，一番後ろの位置からのスタートになりますので，接触の可能性が他のコースより少なくなります。また，多くの学校は，記録順に走る順番を決めているかと思いますが，そのような場合は，特別支援学級の子供が同じレースに固まることがあります。通常の学級の子供との割合に留意すべき場合も出てきます。

練習期間中

　学年の練習に十分な指導体制をつくって参加します。他の学年の教室での学習についても十分な配慮が必要です。学年の練習以外に特別支援学級で練習が必要になる場合もあります。

❶ 表現

　可能であれば主指導者の演技を録画して学級での学習の時間に活用できるようにします。また，一人一人のタブレット端末で動画を見ることができるように設定して，家庭でも学習できるようにします。家庭で練習することで保護者が我が子の特性や習得度に気がつきながら当日を迎えることも大切です。動画の扱いについては十分な配慮を行います。

❷ 全体を通じて

　通常の学級の担任が主指導者（右図の2組担任）になることがほとんどかと思います。特別支援学級の担任は，自分の学級の子供のみの支援を行うだけでなく，積極的に主指導者の学級の子供の個別支援を行うようにします。特別支援学級の子供にとっては学年の先生の指示を聴いて行動することを学ぶ時間でもあります。特別支援学級の子供の所属を主指導者の学級にすることでその支援がしやすくなる場合もあります。

表現の指導体制

5月

行　事

春の遠足等の校外学習の
計画と実施

小谷野さつき

　学級の生活に慣れ始めた頃を見計らって春の校外学習を設定することもあるかと思います。今回は，同じ区内の特別支援学級の合同での遠足について紹介します。

合同遠足の事前準備

　合同遠足のねらいは，区内小学校特別支援学級の子供が顔を合わせ，相互の理解と親睦を深めることや，公園の自然に親しみ，遊具などで元気に楽しく遊ぶことです。事前の準備を丁寧に行い，子供たちの見通しを高めることでねらいが達成できます。

❶ 実地踏査

　団体利用の申請を行い施設の利用ルールを確認します。その後，トイレの場所や個数の確認をします。公園での活動の場合，使用するトイレを1か所にすると混み合ってしまうこともあるので，複数のトイレが使用可能であれば，各学校で使用するトイレを決める場合もあります。

　レクリエーションやお弁当を食べる場所を確認します。荷物を置く場所やお弁当を食べる場所は，日陰になるように考えて選びます。

　遊具を確認します。どんな遊具があるのか写真を撮り，事前指導で子供たちに紹介できるようにします。

　遠足・校外学習届の作成をします。教育委員会の提出には期限があるので，早めに済ませます。また，使用する公共交通機関がある場合は事前に使用することを連絡します。

❷ 事前学習

　実地踏査で撮影した写真や遠足のしおりを見せながら，当日の流れを確認できるようにします。公共の場所を使うときのマナーの確認や，きちんと並んで歩く練習もしておきます。

　当日行うレクリエーションの練習をします。簡単な遊びでも指導者によってルールが違うことがあるので，各校の担当者同士で打ち合わせを行い，当日と同じルールで練習します。学級の代表が遊びの紹介をする場合は，ルール説明の練習も行います。

子供同士の親睦を深められるように，事前に自己紹介新聞を学校ごとに作成して交換し合ったり，オンラインでの交流会をしたりします。オンラインの交流会では，当日一緒にお弁当を食べる班同士で行い，自己紹介やオンラインならではのクイズをします。

❸ 遠足当日

　自校の子供全員のリュックや帽子に同じ色のリボンをつけたり，荷物置き場に目印を用意したりして管理しやすくします。こうした少しの工夫で，子供たちの動きがスムーズになることがあります。

　班ごとに担当の担任を配置するなどして，指導体制を明確にします。

　遠足や校外学習で何より気をつけなくてはならないことは，「子供たちの安全」です。整列して移動する際は，先頭・真ん中・後尾に必ず担任を配置します。また，状況に合わせて「１列で歩く」「２列で歩く」「横断歩道は４列になってすばやく渡る」など，安全に配慮した歩行方法を，指導者間だけでなく子供たちにも意識させるようにします。

　一般の利用者に迷惑になっていないか，子供たちが話を聴くときに眩しくないかなどを確認しながら，担任も子供たちと一緒に遊ぶようにします。

　遊びに夢中になると水分補給を忘れてしまうので，こまめに声かけをします。

　遊具遊びの時間では，人気の遊具や危険性のある遊具に担任を配置して，安全に遊べるようにします。

❹ 事後指導

　当日の写真を見せながら振り返りを行い，楽しかったことやがんばったことをワークシートに書きます。こうした学級の行事やイベントのときには積極的に記録写真を撮り，活動後に廊下や教室内に掲示しておくと，１年間の思い出を振り返る活動のときに役立ちます。また，保護者や学級見学に訪れた方にも，学級の様子が伝わる有効な手段になります。

5月

行　事

安全教育
～怪我の防止と避難訓練～

小島　久昌

　様々な自然災害が起こる可能性が高くなってきていると言われています。日本救急医学会が「熱中症診療ガイドライン」を改訂し，9年ぶりに「診療指針」も改訂しました。新たに最重症群である「4度」を設けて「アクティブクーリング」などの治療を推奨しています。子供の命を預かる教員として最新の情報を把握しておくことも大切です。

　また，学習指導要領解説の総則編には「情報化やグローバル化等の社会の変化に伴い子供を取り巻く安全に関する環境も変化していることから，身の回りの生活の安全，交通安全，防災に関する指導や，情報技術の進展に伴う新たな事件・事故防止，国民保護等の非常時の対応等の新たな安全上の課題に関する指導を一層重視し，安全に関する情報を正しく判断し，安全のための行動に結び付けるようにすることが重要である。」と書かれています。さらに重視されてくるべき内容ですし，狭義で捉えず，各教科や各教科等を合わせた指導と関連づけて展開する必要があると考えます。

　また，通常とは異なる状況への対応の難しさが予想される子供が，特別支援学級には在籍していることが多いかと思います。意図的な指導を繰り返し行う必要があります。

避難訓練

　学校の1つの学級として避難訓練を実施しているかと思いますが，より具体的な避難方法が練習できるように，特別支援学級の教室の位置や時間割，指導体制などを想定して実施します。例えば，一斉学習場面での避難手順とグループ学習での避難手順は異なってきます。グループ学習時に避難する状況が発生した場合，学級全体が一度校舎内で集まってから校庭に避難するのか，グループごとに校庭に避難するのかは，学習している教室の位置によって変わってきます。個別の交流及び共同学習を行っている時間も同様です。学年会等で協議をすることに加えて，可能であれば，避難訓練時にその時間割をあてて練習できるようにします。

　また，防災頭巾あるいは折りたたみ式ヘルメットについても，被るまでの手順や正しく装着することなどについて，素早くできるように練習する時間を設けます。

　さらに実際の場合は，地震であれば大きな揺れが生じますし，教室の窓から火事の炎が見え

る状況になる可能性もあります。特別支援学級の子供が非常時にどんな行動をとるのかイメージしながら避難訓練をすることも大切です。

安全指導

　学校で作成している安全指導全体計画・年間計画等に沿って，特別支援学級でも安全指導を行います。避難訓練と同様により具体化しながら指導します。

　避難訓練計画と連携させて展開することも，繰り返し指導することにつながります。例えば，避難訓練の１週間前に「想定している災害の状況」や避難訓練のねらいを視覚的に伝え，前日には具体的な避難行動の確認をするなどします。前述の防災頭巾や折りたたみ式ヘルメットの操作練習は，両日ともに行ってもよいでしょう。

　校外のことになりますが，１人登下校を行っている子供への避難行動の確認をすることも大切です。通学路上の安全な場所・学校か自宅かに戻る判断をする発生時のポイントなどを具体的に保護者と共通理解して指導します。また，携帯電話やメッセージの送信方法についてもご家庭で練習するように促します。

怪我の防止

　一人一人が安全な学校生活を送り，怪我なく無事に下校することが前提の学校ですが，同時に，多くの子供たちが様々な学習活動を行う場所でもありますので，十分な指導と配慮が必要です。

　以下の項目について，介助員などとも連携して，日々子供たちが留意しながら生活できるように継続して指導していきます。一つ一つを見れば細かいことですが，当たり前にできるようにしていくことが，学校生活のなかでの怪我の防止につながりますし，子供たちが社会に出る年齢になってもこれらをできることは大切ですので，習慣化していきます。

○廊下や教室内は歩いて移動する。特に，教室から廊下に出るときは衝突がないように留意する。

○常に椅子の４つの脚がついた状態で座る。机も傾けて使用しない。

○ハサミは刃の部分を外に向けて持たない。立ち歩かないで歯磨きをする。縄跳びは使用後はすぐにまとめる。彫刻刀や針は数を確認してから片づける。

○ロッカーは，きちんと荷物を収納して使用する。机の脇に下げる物は床につかない長さに調節する。

○上履きはかかとを入れて履く。ポケットから手を出して生活する。手指を出して洋服を着る。体育帽子を被って体育をする。

○床にこぼれた水などはすぐに拭くようにする。

第2章　必ず成功する！　12か月の仕事術　095

5月

保護者や関係機関との連携

授業参観
知的障害特別支援学級

五郎丸美穂

生活単元学習「１年生を迎える会」〜友達と関わろう〜

　知的障害特別支援学級では，各教科等を合わせた指導である「生活単元学習」を行うことができます。「１年生を迎える会をしよう」などの単元を組み，国語科，音楽科などの教科や自立活動などの学習内容を取り入れながら，準備段階から実際の集会活動までの体験的な活動を計画することができるでしょう。

　１年間の最初の授業参観。子供たち一人一人の実態に応じた活躍の場や活動内容を準備し，保護者に見てもらえるといいですね。新しい担任や新しく入級した子供たちを知ってもらうよい機会にもなります。

ゲームに保護者も参加してもらうことで，和やかな雰囲気の授業参観になりました。

あおぞら学級合同　１年生を迎える会（案）

★司会：６年Ａさん

①１年生入場　　　　５・６年生と１年生が手をつないで
②はじめの言葉　　　５年Ｂさん
③自己紹介　　　　　各自好きな食べ物の写真を画用紙に貼ったものを見せながら発表
④じゃんけん列車　　保護者，担任，支援員も参加
⑤シール集め大作戦　手本：５年Ｃさん，Ｄさん
　　　　　　　　　　厚紙のシール台紙（シール10枚つけておく）を持って，
　　　　　　　　　　出会った人とじゃんけん→シールを貼ってもらう
⑥１年生紹介　　　　呼名→返事→担任から紹介
⑦終わりの言葉　　　５年Ｅさん

保護者や関係機関との連携

授業参観
自閉症・情緒障害特別支援学級

五郎丸美穂

特別支援学級の授業参観

　特別支援学級の授業参観は，交流学級との連携が不可欠です。交流学級で日頃学習している教科の授業参観が行われる場合，子供たちは交流学級の授業参観に参加することが多いでしょう。その場合は交流学級の担任とよく連携を図り，子供たちが交流学級の授業に落ち着いて参加できるよう，配慮や支援をしましょう。
　1年間で両方の学級のいろいろな授業の様子を見ていただけるとよいですね。

グループ学習＋個別学習

　自閉症・情緒障害特別支援学級では，該当学年の学習を進めている子供が多いと思います。障害特性から，目や耳から入る刺激を減らした個別ブースで学習を進めた方が落ち着く子供たちもいるでしょう。でも，友達同士関わり合ったり学び合ったりする力を育むために，あえてグループ学習を取り入れるよさもあります。
　1年間の最初の授業参観。前半は，漢字カードを使ったビンゴゲームなどのグループ学習を行い，後半は個別ブースに分かれて授業を行うことも考えられます。「コミュニケーション能力」「集団参加」など，子供たち一人一人の自立活動の目標とも関連づけながら教科学習を進めていることを，保護者にも知ってもらえるよい機会になると思います。

5月

その他

特別支援学級の家庭学習

森川　義幸

特別支援学級の家庭学習

❶ 個別化された課題

　子供の興味や好きなことに関連した課題を設定します（例えば，好きな動物について調べる，好きな絵本の感想を書く，国旗や都道府県についてまとめるなど）。

　一人一人の子供の理解度や能力に応じて，宿題の難易度を調整します。自閉症・情緒障害特別支援学級の子供への課題は，通常の学級と同じものを希望される場合も多いです。

　絵日記は，ひらがなが習得できている子供は，毎日，書くようにすると文章を書く力が3か月，6か月くらいのスパンで，確実に伸びていきます。マスの大きさや絵を描く場所と文章を書く場所の割合は，子供によって調整しながら進めることが必要です。

❷ 視覚的な教材の活用

　課題にイラストや図を取り入れることで，視覚的に理解しやすくします。

　情報を整理するために色分けやマインドマップを使うと，学習が楽しくなります。

❸ 短時間でできるタスク

　1回の宿題を短時間で終わるように小分けにし，複数のタスクを設定します。例えば，10分程度でできる問題を数題用意するなど。

❹ 具体的な指示と手順

　宿題の内容や手順を具体的に示し，視覚的にわかりやすい指示書を作成します。宿題の進行状況を確認できるチェックリストを提供し，達成感を感じられるようにします。宿題の内容をいつも同じ内容にすることで，見通しをもって取り組むことができる子供もいます。

❺ 家庭でのサポート

　宿題の進め方やサポート方法について，保護者に具体的なアドバイスを提供します。

保護者が一緒に学習する時間を設けることで，子供の学習意欲を高めます。

❻ ICT の活用

学校や自治体で１人１台端末に入っているアプリが違います。最近は，AI を使って一人一人の子供に合わせた問題を出すアプリも導入されています。

学校で使っている教材と同じものを使った家庭学習

家庭と学校で学び方や教材・教具が一緒だと子供たちは安心して取り組むことができます。知的障害特別支援学級の１年生に持ち帰って家庭で取り組んでもらっているものを紹介します。

❶ りんごカード

数の三者関係（数詞・数字・具体物）と半具体物のタイルのカードです（0〜10）。

ゲームのなかで，数処理を学ぶことができます。学習の進み具合や子供の実態に合わせて，例えば，０から５を使ってゲームをし，少しずつ増やしていくことができます。

「３ならべ」「大小ゲーム」「花札」その他のゲームを『さんすうをあきらめないで』という本のなかで QR コードの動画つきで紹介されています。

❷ たし算ボード・ひき算ボード

数図ブロックを操作して計算するときに使う教材です。学校用と家庭用と準備しました。

【りんごカード】＊倉澤明子著『さんすうをあきらめないで』いかだ社を参考に作成

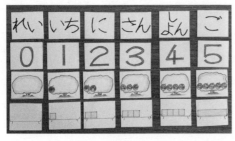

３ならべ

大小ゲーム

【数図ブロックを動かして計算】＊井上賞子ほか著『特別支援はじめのいっぽ』Gakken を参考に作成

３＋４＝７の操作

5月

その他

学習指導案のつくり方

小島　徹

思いと期待を込めて！　学習指導案をつくろう

　特別支援学級では，すべての活動が子供たちにとって学びの場です。そして，言うまでもなく学びの場の中心となるのは日々の授業です。「この授業を通して子供たちにどんな力を育みたいのか」，そして「この授業での学びが将来へとどうつながっていくのか」そんな思いと子供たちへの期待を込めながら学習指導案を作成していきましょう。

　学習指導案づくりは授業の意味や価値，そして思いを深める重要な作業であり，授業力の向上も期待できます。フルスケールの指導案（細案）でなくても，本時の展開や単元に関わる子供の実態や個別目標など，ポイントを絞った「略案」をつくって臨めるとよいですね。

　指導案の書き方はこれでなくてはいけないという様式はありません。特別支援学級での学習指導案の書き方，盛り込みたい視点などを1つの例としてお伝えします。

学習指導案（細案）に盛り込みたい内容や視点（ポイント）

❶ 単元名・単元設定の理由・単元の目標

- 「単元設定の理由」は，その授業を通して子供にどんな力を育みたいのかを力強く記載しましょう。単元の目標を明記するとともに，この単元を扱うよさ（単元観・教材観）や活動を進めていくにあたり，見えてくる子供たちの姿（児童観）などに触れることで，より先生の意図や意志が伝わってきます。

❷ 単元を通した評価規準

- 「知識・技能」「思考・判断・表現」「主体的に学習に取り組む態度」の3つの観点で示していきます。抽象的な表現になり過ぎず，子供の活動ぶりが浮かぶような項目や表記ができるとよいです。
- この評価規準は，さらに一人一人の実態に応じてかみ砕き，より具体的なものにしていくことが大切です。一人一人の評価規準をよりスモールステップにしていくことで，子供たちの

姿を肯定的に評価するチャンスが増えていきます。

❸ 目標に迫るための工夫

- 単元の目標に迫るため，そして子供のもてる力を引き出し，充実した学習活動を実現するための方法や教具の工夫，指導体制や配慮事項などを手立てとして記載します。
- 自閉症・情緒障害特別支援学級では，複式で指導を行う場合の工夫やポイントを載せていくことも重要です。ICT の活用なども有効な手立てになっていくと思います。

❹ 子供の実態と個別目標・手立て

- 子供の障害の程度や特性，単元に取り組むにあたって把握しておくべき子供たちの実態を記載します。それらを基に一人一人の個別目標を適切に設定します。この個別目標が一人一人の評価規準となっていきます。
- 本単元の学習活動を支援するための手立てを一人一人の目標やニーズに沿って具体的に捉えて記載しましょう。
- 特に自閉症・情緒障害特別支援学級では，情緒の安定や集団参加，対人関係，学び方の困難さ等を捉えるとともに，自立活動の目標としての視点を含めながら指導・支援を進めます。
- 個別目標や手立ては，指導展開や学習過程に盛り込む形で記載をしたり，別紙にまとめて資料としたりすることもあります。

❺ 学習過程（単元の指導計画）

- 単元の導入からまとめまでの指導の流れを記載します。何時間扱いで取り組むのかを明記し，単元の展開や各指導時間の内容の概要をめあてや主となる活動を中心に記載します。
- 単元計画における本時の位置づけや，単元全体がどう展開しているのかがわかります。

❻ 本時の目標と指導展開

- 単元の目標を踏まえ，本時の目標を明記します。子供が自分たちのめあてとして捉えやすくなるよう，活動に即した具体的な目標を心がけます。
- 指導の展開は，「導入⇒展開⇒まとめ」を基本にしながら割り当てる時間も想定しながら記載します。子供が活動する姿や予想される反応を記載するとともに，指導者側の支援や配慮事項，手立てや評価の観点を記載します。
- 主な発問や活動，場の設定等について示しながら，指導展開には必ず「めあて」と「まとめ」を明記し，見通しと目指すべき学びのゴールをしっかりと捉えます。
- 本時の目標を受け，評価すべき事柄について記載します。一人一人の評価は個別目標を評価規準としながら行います。

今月の見通し

6月 高温多湿時の健康管理と安全な水泳指導

喜多　好一

今月の見通し

学校生活に関わる指導

行事
- プールでの学習準備と実施
- 宿泊学習への参加

子供理解

保護者や関係機関との連携
- 校内委員会との連携

交流活動
- 共同学習の進め方

その他
- 特別支援学校との連携

学校生活

❶ 高温多湿の時期の健康管理と生活指導の配慮

　６月になると気温が上昇し，外で運動していても汗ばむようになります。また，梅雨時期になり長雨が続き，ジメジメと湿度の高い日が多い月でもあります。特別支援学級の子供たちは，通常の学級の子供たち以上に，このような気候や気温，湿度の変化に影響を受けますので，いつも以上に健康管理に留意することが大切です。気候の変化に応じて，衣服を脱いだり着たりして体温調節するよう働きかけること，急な気温の上昇に身体が慣れていないことによる脱水，体温の上昇による熱中症予防にも細心の注意が求められます。時間を決めて飲料水を飲むことや炎天下での運動時間を制限することなども大切です。

　生活指導面では，結露が増え，廊下が滑りやすくなるため，思わぬ怪我につながらないように指導を重ねます。また，感染性胃腸炎にかからないよう手洗い等，衛生面への意識を高めます。調理実習等では，食品の管理に十分に留意しましょう。子供自身が健康管理する力を身に

つけることが，将来の自立と社会参加に向けて必要ですので，この季節の変わり目を捉え，自立活動の区分「健康の保持」の指導内容を重点的に取り扱って指導すると有効です。

❷ 安全な水泳指導に向けた備え

　6月の中旬から水泳指導がスタートします。特別支援学級の子供たちは，水に対する恐怖心で水に顔をつけられない子から水が大好きでプールを見ると真っ先に入って楽しめる子，泳力の高い子まで，実態は様々です。まずは，このような個々の実態をふまえながら水泳学習の目標と手立て，指導体制を検討します。水泳前の健康観察はもちろん，プールでの約束の徹底。教員の安全管理体制の確認を入念に行います。

　プールでの事故は，命に関わる危険に直結することを肝に命じて指導にあたりましょう。

学級経営のポイント

❶ 宿泊行事に向けた準備

　6月になると宿泊行事を行う学校が多くなります。宿泊には，交流学年の宿泊に参加するケース，学級独自に宿泊を実施するケースあるいは地区内の特別支援学級が合同で宿泊をするケースなどがあり，いずれかの宿泊に参加する子供が多いと思います。日常の校外学習とは違い，自宅とは異なる場所で，友達や教師と寝食を共にすることになりますので，用意周到な準備が必須です。特にはじめて参加する子供については，保護者との綿密な連携が欠かせません。生活単元学習や他教科との横断的な学習を加味して事前事後の学習計画をたてます。

❷ 障害者理解教育の推進

　通常の学級との交流及び共同学習が順調に進み，子供たち同士の関わりも深まってくる月です。関わりが増えるにつれて，通常の学級の子供たちのなかには，残念ながら障害に対する偏見さらには差別意識をもつ子が出てくることも想定されます。そこで改めて交流学級の子供たちを対象に特別支援学級の紹介や交流する子供の紹介やよさを伝える機会をもつとよいでしょう。障害者理解教育の一環として取り組みます。

仕事のポイント

　この月に学校公開を実施する学校が多くあります。特別支援学級も授業公開をしますので，子供たちが楽しく目を輝かせて学習に臨んでいる姿，友達や先生と楽しく過ごしている姿を見てもらえるよう，日々の授業改善と子供との信頼関係づくりに力を尽くしましょう。

6月 教室掲示

梅雨の掲示と休み時間の遊び

本山 仁美

梅雨の掲示

生活単元学習の「梅雨の季節を知ろう」で子供が話し合いをし，梅雨のイメージを出し合いました。「校庭に紫陽花が咲いているね」「紫陽花にはカエルがいるよ」という意見から，紫陽花の掲示を作りました。

自立活動では，折り紙に取り組みました。簡単な折り方にし，手順を示すことで，進んで取り組むことができるようにしました。色や大きさは，子供に任せて取り組んだので，一つ一つ違う素敵な作品に仕上がりました。

図画工作科では，絵の具を使って，紫陽花の花を描きました。高学年の子供は絵筆にたっぷりの水を含ませて，滲みを楽しみました。色が混ざってもきれいに仕上がることを知りました。中学年の子供はローラーを使って画用紙に色をつけました。その画用紙を小さく切って紫陽花の花を作りました。低学年の子供は，スポンジに絵の具をつけ，紫陽花の花を表現しました。学年に応じてねらいを変え，楽しく取り組みました。

　生活単元学習の「梅雨の季節を知ろう」で，梅雨がどんな季節であるか「お天気調べ」をしました。
　日直が，その日の天気を晴れ，くもり，雨で色分けしたシールを貼りました。6・7月を通して行うことで，梅雨の時期は雨が多いということを知る手がかりとなりました。

ローラーに色づけをしたり，スタンプをしたりして画用紙に色をつけました。

　「紫陽花の葉っぱにカエルがいるよ」という意見を取り入れて，カエルの絵を描きました。

休み時間に

　天気が悪く外遊びが減る時期なので，休み時間にマーブリングをしました。雨の日の遊び方についての話し合いもしていますが，いつもと違う休み時間も嬉しかったようです。
　マーブリングをした画用紙を雫の形に切って，雨をイメージして掲示しました。

第2章　必ず成功する！　12か月の仕事術　105

6月

交流学習

共同学習の進め方

知的障害特別支援学級

倉橋　雅

教育課程と学習内容について

　知的発達に遅れがある子供は，体育科・図画工作科・音楽科などの芸術系や英語科・外国語活動を除いた各教科の学習を，本人の理解度に合わせて下学年の学習内容で学習することがあります。しかし，共同学習は当該学年で行うため，子供の実態に合わせて教育課程と学習内容を考える必要があります。

　教科等のねらい達成を目的とする共同学習において，当該学年の学習は難しく，参加している実感や達成感は得づらいものです。当該学年の教育課程のうち，「どの教科の，どの内容をどこまで共同学習で学ぶのか」「その学習に参加するために特別支援学級でどこまで事前学習・事後学習をするのか」が１つの基準となります。子供の実態と「何のために」「どんな力をつけさせたいのか」に照らして考えていきます。

共同学習の進め方のポイント

　共同学習を進めるうえで，特に以下については，特別支援学級内や交流学級担任，交流学年，学校全体で共有する必要があります。

【特別支援学級担任の役割と位置づけ】

- 特別支援学級は複数学年おり，子供の実態も様々です。時間的にどのくらい共同学習に付き添うのか，交流学級担任の指示をどのくらい個別指示で再度伝えるのか，付き添った際にどこまで手助けするのかなど，一人一人具体的に考えましょう。

【評価について】

- 指導と評価は一体です。単元を通して継続して参加するのか，単元テストは受けるのか，評価は誰が行うのか，学校として一部単元を共同学習で履修することを認めているのかなど，事前に確認しましょう。テストについては，高等支援学校の受験が筆記テストなので，小学校段階からテスト特有の緊張感や受ける際のルールなどを体験させておくことはとても重要です。

交流学習

共同学習の進め方

自閉症・情緒障害特別支援学級

倉橋　雅

教育課程と学習内容について

　自閉症・情緒障害の子供にとって，共同学習は「社会的スキル」を学ぶ絶好の機会であり，友達のいろいろな考え方を聴いて自分の考えの幅を広げられるよい機会です。ただし，大集団での活動や意思疎通に苦手さをもつ子供も多いので，事前の打ち合わせや本人への事前説明，参加の仕方などには注意が必要です。

共同学習の進め方のポイント

　子供の実態から，国語科と算数科は下学年で学習していることが多いですが，理科や社会科を含めた各教科の学習を当該学年の内容で学習している場合は多いと思います。共同学習でのねらいと特別支援学級でのねらいを明確にして取り組むことで，より深い学びにつながります。

【特別支援学級担任の役割と位置づけ】

- 知的障害の子供への支援とは異なり，発表や話合いなどの友達と関わる場面での支援について考えます。例えば，事前に予想される友達とのやりとりをシュミレーションしたり，答える言葉のテンプレートをある程度準備して特別支援学級での日常の授業で慣れさせておいたりすることで，不安が軽減したり学習活動に見通しがもてたりします。本人の参加している実感や達成感，自己肯定感が高まるように工夫しましょう。
- 板書を書き写す経験や聴き取った単語をノートに書き留める指導も行います。注意して話を聴く力，内容の重要性を判断する力などを養い，向上させるチャンスです。

【評価について】

- 単元テストをどちらの学級で受けるのか，評価は誰が行うのか，交流学習の学びで単元を履修するのかなど，評価の扱いを具体的に確認しておきましょう。評価と関わりますが，高等支援学校は知的障害の学校のため，知的な遅れがない自閉症・情緒障害の子供は通常の高校や専門学校等に進学することになります。将来を見越して当該学年の履修もれがないように確認しながら学習を進めることも重要です。

6月

行事

プールでの学習準備と実施

中里　照久

プールでの学習の準備（健康面・安全面に対する配慮）

　プールでの学習は，命に関わる事故につながる危険があることに十分留意しながら進めていきます。まず，子供たちの健康状態を正確に把握するために，4月から行われる健診診断の結果をふまえたり，健康面における保護者や主治医からの申し送り事項を十分に確認したりしてから学習に臨みます。学習前の日常的な体のケア（耳垢を取り除く，手足の爪を切る，外傷の程度を確認する等）も大切で，事前に保護者に周知するとともに，子供たちにもきちんと意識させていきます。

　安全面では，プールでの学習の約束を十分指導しておくことが大切です。教員の一斉指示を静かに聴く，プールサイドでの歩行の仕方，準備運動の場所や方法，シャワーの浴び方，プールの入り方・上がり方，整列の仕方，プールのなかでのルール（笛2回で主指導者に注目，笛3回で全員水から上がる等），人数確認の方法等を事前指導で練習しておくとよいでしょう。

着替えの練習を通して

　プールでの学習の着替えは，体育科の着替えのときと同様に，子供たちがなるべく肌を見せないようにして行うことが大切です。在籍する子供たちの実態は様々ですが，学級の着替えの手順を1つ決めて取り組み，そのうえで一人一人に応じた指導を行うようにします。水泳指導前に学級で練習したり，家庭の協力を得て練習してもらったりするとよいでしょう。

　また，低学年のうちから，意図的に男女の更衣室を分けたり，プライベートゾーンについて学ぶ機会を設定したりし，性差について学んだり自分自身の成長に気づいたりする機会となるような学習を計画することも大切です。

「生命の安全教育」（文部科学省）より

指導体制の検討

　水が顔にかかるのを怖がる段階の子供から，ストリームライン（流線形）の姿勢をとって泳ぐことができる子供まで，生活年齢や習得度に大きな差があるなかで一人一人の課題に応じた学習を展開するには，指導体制を工夫する必要があります。学級の規模にもよりますが，習得度別のグループに分かれて指導を行う方法が効果的です。介助員等を含めた指導者の役割分担を明確にし，適切な指導体制をとることで，全員が水のなかでの活動を楽しく安全に行うことにつなげていきたいものです。

❶ 水を怖がる段階の子への指導

　水のなかで歩いたり，走ったり，ジャンプしたりといった水遊びの活動を十分に確保して水への恐怖心を取り除いていきます。プールの水位を調節したり補助具を用意したりするとよいでしょう。

❷ 水に潜れる段階の子への指導

　力を抜いて水に浮いたり，けのびの姿勢を維持しながら前に進めるようになったりすることを目指します。バタ足の練習も行い，少しずつ進める距離を伸ばしていけるようにします。子供によっては，水に浮いたりけのびをしたりすることを意識する前に，前に進むことを意識させることが効果的な場合もあります。

プール　体育　略案（例）

○水泳指導期間を通して
　生命を守る−水泳指導は指導場面の特性から特に安全管理に注意が必要である。
　　　・教師の指示を確実に聞くことを徹底する。
　　　・児童の様子の把握−担当している児童を常に把握する−目を離さない。

○学習のねらい
　＊プールでの学習の流れを理解する。
　＊水泳学習の特性を理解する。
　＊自分の現在の泳力を把握するとともに今年度の学習の目標を定める。

○学習の流れ

	活動	学習活動等　　　　　〔T…指導者　C…児童〕
9:00 10:00	可否判断① 可否判断② 指導者着替え	〔T1〕 〔T1→水質管理・水位調節〕 指導者は2校時終了までに交代で着替えを済ませておく
10:20	着替え	○中休みに着替える 着替えからグループ指導までの児童の指導体制 〔プレイルーム前方〕→男子→T2・T9 〔プレイルーム後方〕→女子→T3・T7・T8
10:40　1	集合・挨拶	○通常の体育の2列で教室前廊下に整列する 　①C1→C2→・・・・・・・・・・・・→C13 　②C14→C15→・・・・・・・・・・・・→C26 ○地下1階廊下で上履きを脱ぐ ○タオルと水筒を入れたビニール袋を赤い台に置く ○野球場側〔校舎側〕で，背が高い方が図工室側で並ぶ
10:55　2 　　　3	プール開き 準備運動	○校長の話　○代表児童の話　○担任の話 ○T2・T7・T8・T9でプールフロアを設置 野球場側 図 工　　プールフロア 室 校舎側
4	シャワー	○全開にしておき，児童が2列でゆっくり歩行する 　・手→腕→足など順番に水があたるようにする 　・頭や体をよくする
5	整列	○集合時のように2列に分かれて整列する ○髪の毛の処理・水泳帽について確認する。
6	プールに入る	○プールの入り方を知る 　①「ピッ」…プールサイド（緑）に整列 　②「ピッ」…プールサイド（青）にしゃがみ水を体にかける 　③「ピッ」…片足ずつ体を反転させて静かに入る 　④プールサイドから手を離さずに静かに指示を聞く
7 　　　8	水慣れ グループ別学習	○水慣れ（1列毎に）　①段々深く　②移動 図　　A　　　　　B 工 室　　　　　C 　　　　D 　　　　E 見学児童（C12・C23・C24） A−水に慣れる・顔をつける→T2・T4・T6・T7・T9 　　C1・C3・C5・C6・C8 　　C9・C10・C17・C18・C26 B−伏し浮き・けのび＋5m泳ぐ→T5 　　C2・C14・C19 C−5m泳ぐ〜プールの半分泳ぐ→T3 　　C4・C7・C20 D−10m泳ぐ〜25m泳ぐ→T1・T8 　　C13・C15・C25 E−25m泳ぐ〜泳法指導→T1・T10 　　C11・C16・C21・C22 ＊進級は随時行う。T1が確認し進級させる。
11:40　9 　　　10	整理運動 挨拶	○T2・T6・T7・T8・T9（プールフロア撤去） ＊T4・T7・T8は着替えへ
11	シャワー	○開始時と同様（ラッシュガードを脱いでシャワーを浴びる） ＊T4・T7・T8が着替えの最初を見ている間に他の指導者が着替える。他の指導者が着替えから戻ったら，着替えの見守りをチェンジして，給食準備に当たる。 ＊着替えから給食指導までの児童の指導体制 　女子→T2・T6 　男子→T3・T5・T9 　給食準備→T4・T7・T8 　　　　　〔T1→日誌記入・水位調整・後片付け確認〕

4月
5月
6月
7.8月
9月
10月
11月
12月
1月
2月
3月

第2章　必ず成功する！　12か月の仕事術　109

6月

行　事

宿泊学習への参加

中里　照久

低学年からの働きかけ

　特別支援学級が合同で実施する宿泊学習では，日常生活上の事柄を自分で行うことがねらいの1つになります。これらは，宿泊を行う学年になってから練習を始めてもすぐにできるようになることではありません。学校生活のなかで毎日繰り返し行う日常生活の指導とは別に，家庭生活のなかでも意識して取り組んでもらうよう，低学年のうちから保護者に働きかける必要があります。例えば，脱いだ服を所定の場所に入れる，お風呂で頭や体を洗う，明日の洋服等を準備する等が考えられます。長期的な視点で，子供が自分で行える部分が広がるように家庭でも取り組んでもらうとよいでしょう。

事前の準備（健康や安全に対する配慮）

　特に，はじめて宿泊学習に参加する子供に対しては，就寝や入浴などの学校では観察できない場面について，個人面談やアンケートを実施して十分に実態把握を行う必要があります。また，服薬している子供については，「いつ」「どれだけの量を」「どのように（混ぜて，何かと一緒に）」「自分で飲めるのか，大人の補助が必要か」等を確かめます。また，万が一こぼしたり吐き出したりした場合の対応方法（予備の薬での対応の必要）まで，綿密に保護者と打ち合わせをしておくことが重要です。

事前学習と事後学習

　「事前・当日・事後」をひとまとまりの学習として，生活単元学習（必要に応じて各教科等の時間）の1つの大単元として学習計画を立てます。

❶ 事前学習

【荷物の整理や準備をする学習・日程の理解】

学校に荷物を置いておき，場面に応じて必要な荷物を準備したり，しおりを活用して日程や内容を具体的に把握したりする学習を通して見通しをもたせます。

【子供たちの役割分担】

「開園式での代表児童の言葉」「食事の挨拶」等では，事前に原稿を書き（宿泊先で内容を考える挨拶あり），練習を十分行います。できるだけ暗記して発表するようにし，緊張しながらも大勢の仲間の前で話す経験を保障します。自信につなげる意味でも大切にしたい学習です。

【お土産を買うための学習】

算数の時間にお金の学習を設定します。具体的なお土産の写真や取扱商品の一覧表を下見等で手に入れて提示できると子供たちの意欲が増します。「電卓を立った状態で使う」「お金をお財布から出す」といった操作場面を想定した練習も行うとよいでしょう。限られた予算で，だれに何を買うのかを決め，その方の顔を思い浮かべながらお土産を選ぶ経験も大切にします。

❷ 事後学習

子供たちの実態に応じて，方法（紙面にまとめる，端末を使用する，写真を使用する，自分で絵を描く等）を決めて「新聞作り」に取り組み，校内の掲示板に掲示する学習が考えられます。また，可能であればスライド資料を作り，宿泊に参加していない同じ学級の子供たちやおうちの方に発表する活動もよいでしょう。相手意識をもって自分の学習を振り返り，さらにそれを発信する活動を行うことで，学習のまとめとします。

6月

保護者や関係機関との連携

特別支援学校との連携

五郎丸美穂

センター的機能としての特別支援学校との連携

　障害に関して高い専門性がある特別支援学校は，その専門性を生かして，地域の保護者や教職員から特別支援教育に関する相談を受けたり研修を行ったりするセンター的機能を担っています。

　特別支援学級の担任として子供たちの指導・支援にあたるなかで，困ったことやもっと知りたいことが出てくることもあるでしょう。地域の特別支援学校に助言を求めたり研修に参加したりすることでヒントを得られることがあります。また，豊富な教材や文科省著作教科書（いわゆる☆本），一般図書などの閲覧・貸し出しを行ってくれる特別支援学校もあります。校内の特別支援教育コーディネーターに間をつないでもらうなどして，必要に応じて特別支援学校と連携していけるといいですね。

子供たちの学びの場としての特別支援学校との連携

　特別支援学級の担任は，子供の適切な学びの場について保護者と話をする機会が多くあります。また校内委員会等で，特別支援学級に在籍している子供たちの適切な学びの場を検討するなかで，特別支援学校が選択肢としてあがる場合があります。担任として，特別支援学校の特徴や生活，学習の様子を知っておくことで，保護者に情報提供したり一緒に考えたりすることができます。地域の特別支援学校の授業公開や見学等にぜひ参加してみてください。

　学びの場を決定する際は，教育委員会が主催する教育支援委員会での審議や保護者との合意形成などを慎重に進めていく必要がありますが，特別支援学校への措置変更を検討する場合には，保護者や本人が実際に特別支援学校へ行き，説明会や体験入学に参加したうえで検討していくことが大切になります。その際に可能であれば担任も同行し，特別支援学校の説明を一緒に聴いたり，体験の様子を見たりできるといいですね。

　特別支援学級と特別支援学校には，それぞれに次のような特徴があります。

【特別支援学級の特徴】（小・中学校のみ）

○障害種別の学級（知的障害，肢体不自由，病弱・身体虚弱，弱視，難聴，言語障害，自閉症・情緒障害）。

○１学級あたりの児童生徒数　８名

○就学基準（例：知的障害）

「知的発達の遅滞があり，他人との意思疎通に軽度の困難があり日常生活を営むのに一部援助が必要で，社会生活への適応が困難である程度のもの」

【特別支援学校の特徴】

○５障害（視覚障害，聴覚障害，知的障害，肢体不自由，病弱・身体虚弱）が対象。

＊発達障害のみの場合，対象とならない。

○１学級あたりの児童生徒数

単一障害　小・中学部６名，高等部８名

重複障害　小・中学部，高等部いずれも３名

○就学基準（例：知的障害）

「一　知的発達の遅滞があり，他人との意思疎通が困難で日常生活を営むのに頻繁に援助を必要とする程度のもの

二　知的発達の遅滞の程度が前号に掲げる程度に達しないもののうち，社会生活への適応が著しく困難なもの」

特別支援学校との居住地校交流

　障害の有無にかかわらず共に生きていく共生社会の実現は，今や世界の流れになっています。特別支援学校の子供たちが，住んでいる地域の小・中学校の子どもたちと交流する居住地校交流は，お互いを知り，尊重し合う貴重な体験です。通常の学級の子供たちと交流する場合も，特別支援学級の子供たちと交流する場合もあるでしょう。お互いの子供たちの実態や交流のねらいに合わせて，無理のない計画を立てたいですね。

A中学校区　交流会計画

１　日時　　７月１０日（水）　１３：３０～１５：００ごろ

２　参加者
　　A中学校特別支援学級生徒　６名
　　A小学校特別支援学級児童　24名
　　B特別支援学校生徒　　　　４名

３　場所　　A中学校　体育館

４　活動計画
　　A小学校　小学校から徒歩でA中へ
　　B特別支援学校　保護者と一緒に車でA中へ
　　13：30　　A中体育館　集合
　　13：40　　はじめの言葉（A中生徒）
　　13：45　　アイスブレーキングゲーム＆自己紹介（ゲーム説明A中生徒）
　　14：10　　休憩　水分補給
　　14：20　　グループ分け（4チーム：事前に分けておく），説明（A中生徒）
　　14：30　　ボッチャ（4グループで）
　　15：00　　おわりの言葉（A中生徒）
　　A小学校　中学校から徒歩でA小へ
　　B特別支援学校　保護者と一緒に車で帰宅

居住地校交流に合わせて小・中学生も交流

第２章　必ず成功する！　12か月の仕事術　113

7・8月 学習のまとめと夏休みの過ごし方

今月の見通し

喜多　好一

今月の見通し

学校生活に関わる指導	**行事**
子供理解	**保護者や関係機関との連携**
●夏休みの生活	●校内委員会との連携
交流活動	**その他**
●交流学級との関わり方	●通知表の作成

学校生活

❶ 学習のまとめに向けて

　7月は，3学期制の学校では1学期が，2学期制の学校では前期前半がそれぞれ終了します。いずれにしても1年の1／3が終わる節目の月です。子供たちにとっては，4月から学校生活を過ごしてきた3か月間を振り返るとともに，夏休み前に学習のまとめをする月となります。学習面や生活面で成長した自分を改めて自覚できるように働きかけることが大切です。3学期制であれば通知表により自身の成長の自覚を促すことがポイントです。

　ただ，個々の目標が達成できなかった子供もいますので，どの子も取りこぼすことがないよう個別の補充的な指導を継続することも忘れずに行いましょう。

❷ 夏休みに向けた生活指導

　7月下旬から8月末にかけては，子供たちが楽しみにしている夏休みとなります。学校から

離れる期間が長いことから，事前に個々の学習課題の提示，健康で安全な生活習慣の継続に向けた働きかけを丁寧に行う必要があります。家族で出かけたり，地域行事に参加したり，学校ではできない経験をたくさんでき，成長がうながされるよさもありますので，子供たちの夏休み中の予定を事前に把握しておき，夏休み明けの指導に生かすとよいでしょう。

学級経営のポイント

❶個別の指導計画の見直しと通知表の作成

　夏休み前のこの時期は，4月に作成した個別の指導計画に基づいて指導してきた成果と課題を評価して，修正をします。子供の成長した姿だけでなく課題等を追記していきます。その際は，より適切な評価をするために，担当教員の評価だけでなく，複数の教職員が指導・支援に携わっている特別支援学級のよさを生かし，話合いの結果を反映させます。

　特別支援学級の通知表は，個別の指導計画の評価と連動していることが多いため，まずは個別の指導計画ありきで1学期（前期）の評価をしましょう。通知表を作成するうえでは，見直した個別の指導計画に記された成長した姿を，保護者にとってイメージしやすい具体的な言葉で伝えること，子供にとっても励みになる内容を選択して記載していくとよいです。

❷夏休みの課題と教育相談

　夏休みの課題の提示に関しては，夏休み前の保護者会あるいは個人面談等を通して，ねらいや内容を具体的に説明し，家庭からの協力を仰ぐことが大切です。事前に個別の指導計画を保護者と共有しておくと，提示した個々の課題の内容，分量の意味を理解していただけます。子供だけでなく，保護者にとっても負担なく夏休みの課題に取り組めるよう配慮することが大切です。また，夏休み中でも子供や保護者と連絡がとれる手立てを講じておくことも重要です。現在，1人1台端末が整備されていますので，タブレットを通じて子供にメッセージを送ったり，保護者からの相談を受けたりすることも有効です。

仕事のポイント

　夏休みは，教職員にとっても，溜まった疲れをリカバリーできる期間です。特別支援学級担任として日々，試行錯誤して過ごしてきて疲れている頭と心，そして身体をリフレッシュしましょう。少し立ち止まって，4か月間の歩みをじっくり振り返る夏休みにしてみてください。そのうえで，夏休みだからこそできる自己研鑽を主体的にすることをおすすめします。関心のある図書を購入して読む，研修・研究会に積極的に参加する，見聞を広める旅行にでかけるなどです。教員としての力を充足する夏休みにしていきましょう。

教室掲示

七夕の掲示とひまわり畑

本山　仁美

七夕の掲示

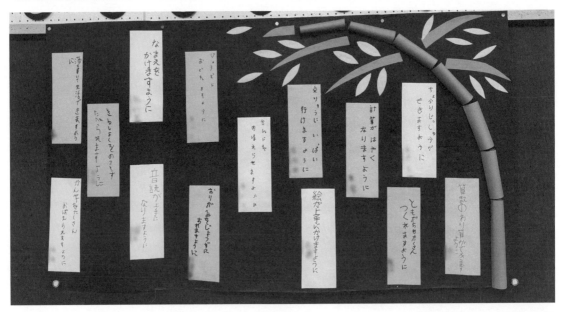

　7月は七夕があるので，短冊に願いごとを書いて掲示しました。生活単元学習の「季節の行事を知ろう」で，七夕に触れ，子供主体で七夕祭りを開きました。そのなかで七夕飾りを作ったり，短冊を書いたりしています。願いごとは，子供があと少しがんばれば達成できること，やってみたいことなどを書いています。短冊の大きさは，子供の実態に応じて変えてもいいと思います。

　掲示をすると，友達ががんばりたいことを知ることができ，会話が弾みます。また，願いごとが叶うように，子供たち自身ががんばる姿も見られました。教師も子供たちの願いが叶うように，支援をしていきたいです。

学年掲示板にひまわり畑を作りました

特別支援学級では，どんな授業をしているのか，どんな子が在籍しているか，通常の学級の子供も気になっているようです。本校では，2月に校内で特別支援学級の作品展を開催しているので，そのときに知ってもらうことができます。しかし，運動会や交流学習，校外学習等にも参加します。そこで，活動を見てもらうことができるよう，学年掲示板に特別支援学級全員で作った作品を掲示しています。

学校の花壇に植えたひまわりの種から芽が出たこと，学校があるさいたま市南区の花がひまわりということで，ひまわりの掲示物を作りました。

自立活動の時間に花の中央部分の画用紙を編みました。実態に応じて，画用紙の幅を変えています。

模造紙2枚使って，大きく作ったので，廊下を通る子供たちが「きれい！」「すごいね」と声をかけてくれました。学年掲示板を通して，通常の学級の子供との交流があると嬉しいです。

子供も声をかけられて嬉しそうでした。

茎の部分は，ローラーで描きました。葉っぱは，手形をつけました。
花びらは，お花紙を洗濯のりにつけて貼りました。貼り方に個性が出て，素敵に仕上がりました。

7·8月

子供理解

夏休みの生活

中嶋　秀一

夏休みの過ごし方

　夏休みは，学校生活から離れて家庭でゆっくり好きなことをして過ごすことができます。しかし，生活リズムが緩んだり学校で身についたことを忘れてしまったりする場合もあります。学習内容に取り組むことも大切ですが，それ以上に家庭生活のなかで経験できることを課題にします。また，保護者と過ごす楽しい思い出を日記や自由研究にできるようにします。

　夏休みの課題は学校によって取り組み方に違いがあります。教科の交流学習を行っている場合は通常の学級の課題に取り組む場合もあります。"やるべきこと"と拘束性の高い課題にせず，子供や家庭状況に応じて難易度をカスタマイズし，量を加減して個別最適化の配慮をします。

　以下は，夏休みなど長期休業中の課題の例です。

【生活表】　　　　　目標と毎日の自己評価を組み合わせたもの。

【絵日記】　　　　　とっておきの1枚をかく場合や，2～3枚あるいは毎日かかせる場合も。

【学習ドリル】　　　自力で取り組むことができる国語科や算数科のプリント。迷路やパズル。

【保護者の日記】　　絵日記にコメントを書いてもらったり，連絡ノートやアプリに記入してもらったり等（休み明けに口頭で様子を聴いてもよい）。

【自由研究】　　　　絵日記を自由研究としてもよい。旅行の写真集や，図画工作科の作品，お菓子作りや料理，体験講習の様子，科学実験の写真入りレポートなど。

課題の量と内容は家庭状況に応じた配慮を

　子供は休みでも保護者や家族は休みとは限りません。特に教科学習や絵日記など負担になりやすい課題には十分配慮しましょう。

子供＼保護者	子供に付添可←	保護者の忙しさ	→仕事＆家事で多忙
高↑学習の自立↓低	保護者は見守りのみで，子供が自力で可能な課題。		保護者は事後チェック。自力で達成可能な課題。
	保護者にサポート依頼。双方に負担の少ない課題。		保護者は事後チェック。自力でできる平易な課題。

夏休みに入る前にやっておくべきこと

　生活表や絵日記は，夏休みに入る前に，教室でかき方を練習しましょう。絵日記は，生活科や総合的な学習の時間で記入するワークシートと共通の形式にすると子供たちは戸惑わずにかくことができます。文章は罫線に横書きで構いません。国語で作文の学習に取り組んでいる場合は，マス目の原稿用紙に縦書きしてもよいでしょう。日常の学習とつながりのある形式にすることで夏休み中も自力で学習に取り組みやすくなりますし，先生の準備も楽になります。

❶ 絵日記

　絵を描くことが難しい場合は，写真を撮って貼りつけてもよいでしょう。ノートPCやタブレット端末で作成できるように，学習アプリ上のワークシートでテンプレートを用意してもよいでしょう。自分の力で取り組めるようにして，自主学習しやすいように準備します。

❷ 生活表

　夏休み中の目標は，子供が保護者と話し合ったり，先生と話し合ったりして決めます。「勉強のめあて」は「毎日漢字プリントを1枚する」など，学習時間や内容，がんばりたい教科に関わることがよいでしょう。

　「生活のめあて（おてつだい）」は，保護者とも事前に相談したうえで「テーブル拭き」「洗濯物たたみ」「お風呂洗い」など，家事の担当を決めて取り組みます。

　「生活のめあて（やくそく）」は，「早寝早起き」「帰宅時間を守る」など，生活リズムに関わるものや「毎日歯を磨く」など，子供の課題に応じた生活習慣に関するものにします。

　日付を書き込んだり，目標達成を色塗りや◎〇△などでセルフチェックしたりできるようにします。保護者の負担や子供のオーバーワークを避け，夏休みを通して確実に達成感を味わえるよう，内容には十分配慮して実施しましょう。

7・8月

交流学習

交流学級との関わり方

倉橋　雅

双方の子供の教育的ニーズの把握

②学校相互間の連携や交流（第1章第5）
　また，特別支援学級の児童との交流及び共同学習は，日常の様々な場所で活動を共にすることが可能であり，双方の児童の教育的ニーズを十分に把握し，校内の協力体制を構築し，効果的な活動を設定することなどが大切である。　　　　　[小学校学習指導要領解説（総則編）p.127　平成29年7月]

○4　共に学ぶことについて
○個々の子供の障害の状態や教育的ニーズ，学校や地域の実情等を十分に考慮することなく，すべての子供に対して同じ場での教育を行おうとすることは，同じ場で学ぶという意味では平等であるが，実際に学習活動に参加できていなければ，子供には，健全な発達や適切な教育のための機会を平等に与えることにはならず，そのことが，将来，その子供が社会参加することを難しくする可能性がある。
　　　　　[共生社会の形成に向けたインクルーシブ教育システム構築のための特別支援教育の推進（報告）
　　　　　平成24年7月　初等中等教育分科会] より一部抜粋

　交流学級との関わりのなかで大切なことは，特別支援学級と通常の学級のそれぞれの子供の教育的ニーズに合っているか，配慮できているかです。小学校段階から交流及び共同学習を通してインクルーシブ教育を進め，共生社会の形成の素地をつくるためにも，何のねらいもなくただ同じ場で学ぶことは避けなければなりません。これまで特別支援学級の視点で述べてきましたが，当然，通常の学級側のねらいや教育的ニーズについても考える必要があります。

　通常の学級の子供にとってのねらいとしては，障害特性を知ること，その子自身を知り学級や学年の一員として認知すること，双方向での関わりをもつことなどがあげられます。一方で，残念ながら，障害のある子供に対して「病気の子」「かわいそうな子」という差別や偏見をもつ子がいたり，障害のある子供が避けられる場面を見かけたりもします。それらの差別や偏見をなくすためにも，交流及び共同学習は絶好の機会です。

子供へのアプローチ

　差別や偏見をなくしていくためには，子供同士が直接関わることやふれ合うことが大切です。休み時間に一緒に遊ぶことや，特別支援学級に子供を招いての給食交流といった関わりもよいでしょう。まずは，その子を知ってもらうことです。そうすることで，顔見知りとなり，朝や廊下ですれ違ったときに挨拶を交わす自発的な関わりなどが生まれていきます。そのためには，教師が年間を通して日常的・計画的に関わる場を設定する必要があります。きっかけさえあれば，子供たちは自分たちで関わり合い，友達として関係を深めていきます。

　共同学習では，いかに教師が子供の個性・特性を生かすかが重要です。学級には，積極的に発表する子，人前は苦手だがよい着眼点をもっている子，友達の発言から考えを広げられる子，笑いを取って学級を盛り上げてくれるムードメーカーなど，様々な「得意分野」をもつ子供がいます。みなさんは普段，それらの個性・特性を適材適所で生かして授業を展開されていることでしょう。障害のある子供は，通常の学級の子供よりも「得意分野」が専門的です。その子のこだわりを授業のなかで上手に生かすことで，共同学習の場でも活躍することができ，自信や達成感，参加している実感につながります。したがって，交流学級担任との打ち合わせでは，お互いが担当する子供の個性・特性を共有し，どの子も活躍するための支援や工夫を考えます。

教職員へのアプローチ

> **①全ての教師に求められる特別支援教育に関する専門性［4の（3）］**
> ○（前略）加えて，障害のある人や子供との触れ合いを通して，障害者が日常生活又は社会生活において受ける制限は障害により起因するものだけでなく，社会における様々な障壁と相対することによって生ずるものという考え方，いわゆる「社会モデル」の考え方を踏まえ，障害による学習上又は生活上困難について本人の立場に立って捉え，それに対する必要な支援の内容を一緒に考えていくような経験や態度の育成が求められる。
> 　　　　　　　　　［「令和の日本型学校教育」の構築を目指して～全ての子供たちの可能性を引き出す，
> 　　　　　　　　　　　個別最適な学びと，協働的な学びの実現～（答申）令和3年1月　中央教育審議会］

　研修を通して，教師だけでなく教職員全員が，特別支援教育の専門性をもつことが必要です。また，合理的配慮についても研修し，どの子にも「障壁」ができないように配慮します。

　特別支援学級の担任は，交流学級や交流学年の子供の名前や特性などを知っておく必要があります。知らなければ，事前準備や当日支援などよりよい支援を検討できません。そして，できるだけ担任が手を貸さずに，子供たちだけで交流を楽しむことも難しくなります。特別支援学級の担任が，交流学級や交流学年の子供に積極的に話しかけたり関わったりして橋渡しをすることで，特別支援学級の子供は関わるきっかけが増え，安心して関係を築くことができます。

第2章　必ず成功する！　12か月の仕事術　121

7・8月

保護者や関係機関との連携

校内委員会との連携

五郎丸美穂

「チーム学校」で！ ～組織的に対応しよう～

日頃の教職員間の関係性とともに，「チーム学校」として組織的に子供たちを支援していくことも大切です。

平成29年3月に文部科学省から出された「発達障害を含む障害のある幼児児童生徒に対する教育支援体制整備ガイドライン」には，校内委員会の設置や役割，構成などについてくわしく述べられています。各学校には，特別支援教育コーディネーターが指名され，校内委員会（名称は各学校で異なる）が設置されていることと思います。校内の立場や役割の異なる教職員で子供たちについて話し合うことで，担任一人では気づかなかった視点や支援方法が見つかることがあります。内容や状況に応じて，まず校内の特別支援教育コーディネーターや特別支援学級の主任等に相談して，校内委員会での話合いを進めるとよいでしょう。

❶ 定期開催される校内委員会

年間計画で開催時期や内容などが位置づけられている校内委員会では，「個別の教育支援計画」の内容について検討したり，交流学級との連携の方法について見直したりすることで，特別支援学級に在籍する子供たちの支援をより充実させていくことができるでしょう。一人一人に応じた合理的配慮の提供（中学校の定期考査や高校入試における合理的配慮も含む）について，検討していくこともあると思います。

また，特別支援学級の子供たちの学びの場の変更について話し合うことも校内委員会の大きな役割の1つです。小学校特別支援学級の子供たちが進学する際の在籍，支援についての話合いに加えて，特別支援学級から通常の学級，特別支援学校へ学びの場を変更することを検討する場合もあります。担任1人の意見ではなく，いろいろな立場の教職員が子供の状態や教育的ニーズ，これまで行ってきた支援を再検討し，子供本人や保護者，専門家の意見も大切にしながら，それぞれの学級，学校の就学基準に照らし合わせて判断することが必要になります。そのためにも，担任はその子に応じた学びの場について，保護者の想いを聴き取っておくことが大切です。

> **学びの場の変更について検討する際のポイント（例）**
> ※就学変更の手続きは自治体によって異なります
>
> ○子供の在籍している学級での支援が十分に行われているか
> ○就学基準（「障害のある児童生徒等に対する早期からの一貫した支援について（通知）平成25年10月文部科学省」）に合っているか
> ○必要な書類（発達検査の結果，診断書など）が整っているか
> ○変更する時期はいつか
> ○保護者，本人は納得しているか
> ○見学や体験を行っているか
> ○保護者，本人への説明・話合いは，いつ，だれが行うのか

❷ 臨時で開催される校内委員会，ケース会議

　担任一人での解決が難しい場合などは，定期的に開催される校内委員会とは別に臨時で校内委員会を開催し，支援について検討する場合もあります。気になる行動への対処法に目がいきがちですが，その子がその行動をする理由や背景を考え，適切に行動できているときの状況や背景を分析し，支援に生かす視点も大切にしたいですね。24時間不適切な行動をしている子供はいないはずです。その子の長所や強みを生かして支援していきましょう。「チーム学校」として，校内で役割分担して支援にあたることはもちろん，必要に応じてスクールカウンセラー（SC）やスクールソーシャルワーカー（SSW）等の外部の関係機関と連携を図りましょう。

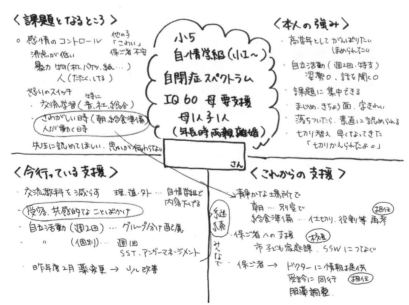

　話合いをしながらホワイトボードに書いていくことで，参加者も論点を理解しやすくなります。

7·8月

その他

通知表の作成

森川　義幸

特別支援学級の通知表

　特別支援学級では，通常の学級とは異なる評価基準や方法が用いられることがあります。通知表には，学習の進捗や社会性，生活技能などの様々な面での評価が含まれることが一般的です。文章での所見という形で記入する学校が多いと思います。

特別支援学級の通知表の書き方の見通し

　所見の文章の記入のコツは，年度当初に，子供一人一人が1学期末（あるいは前期終了時）にどんな状況になっていたら望ましいかを書いておくことだと思います。「こうなったらいいなぁ」という具体的な姿を思い描いて書いておくと，学期末は，出来具合や手立てを修正するだけで完成します。経験の少ない間は難しいと思いますが，挑戦してみてください。

学校ごとに形式が異なる

　通知表は，公文書ではないので，学校の裁量が大きく，学校ごとに通知表の形式が異なります。勤務している学校のこれまでの通知表の形式を早めに確認して，項目や分量を知っておくことが大切になります。特別支援学級独自に保護者へ子供の学習の様子を具体的に伝えるために写真を添付する学校に勤務したこともあります。

　その学期の半ば（1学期なら5月末くらい）にある程度書いてみると，余裕をもって学期末を迎えることができます。書きにくいと感じた教科や領域，十分に観察できていなかった子供を把握することができれば，その後の教育活動のなかで，観点をもって指導・支援を行いながら，観察していくことができると思います。

　初任者担当の先生や特別支援学級主任の先生や主幹教諭，教頭（副校長）などに早めに見せて，指導してもらうことが大事です。

日々の連絡帳の活用

　日常的な連絡帳で，どんな手立てで学んでうまくいったのか具体的に学習の様子を記述して伝えておくと，通知表を書くときの材料になります。特に知的障害特別支援学級の子供の場合，言語面での成長，例えば，はじめて使った言葉や言い回しなどを具体的に伝えておくと記録になります。言語の入門期の子供の場合は，どんな疑問詞（何，だれ，どこ等）に応答できるようになったか，あるいは，自ら疑問詞を使って情報を得ようとしたことなど，記録をとっておくといいと思います。

通知表の内容

　具体的には，以下のような項目が記載されることがあります。
①学習面の評価：教科ごとの理解度や取り組み姿勢
②社会性の評価：友達との関わりやコミュニケーション能力
③生活技能の評価：日常生活における自立度やルールの理解
④個別の目標達成度：個別の指導計画に基づく目標の達成状況

　通知表は，保護者とのコミュニケーションツールとしても重要であり，子供の成長や課題を共有する役割を果たします。特別支援学級の通知表は，子供一人一人の特性や教育的ニーズに応じた内容となるため，個別の支援が反映されることが大切です。

　自閉症・情緒障害特別支援学級や肢体不自由学級，病弱学級に在籍している子供で明確な知的な遅れのない子供の通知表は，通常の学級と同じ形式で，評価・評定を◎・○・△やｌ・２・３やＡ・Ｂ・Ｃで記入する学校もあります。自立活動以外は，通常の学級の通知表とまったく同じ場合も多いです。その場合，自立活動の実態，目標，手立て，評価等を文章表記で記載する部分だけが異なります。

　教科や自立活動の授業づくりについての書籍や学習の評価の書籍のなかに，学習指導要領に準拠した通知表の所見の例が掲載されているものもたくさん出ています。

【参考文献】
● 新井英靖編著『特別支援学校 新学習指導要領を読み解く「各教科」「自立活動」の授業づくり（特別支援教育サポートBOOKS）』明治図書出版
● 新井英靖編著 特別支援学校 学習指導要領 目標 - 指導 - 評価を一体化する「国語」「算数・数学」の学習評価（特別支援教育サポートBOOKS）明治図書出版
● 宮崎英憲編『特別支援教育における３観点の「学習評価」【各教科・段階別】通知表の文例集と記入例』明治図書出版
● 『授業力＆学級経営力』編集部 『どの子も輝く！通知表の書き方＆所見文例集 小学校低学年』明治図書出版

今月の見通し

9月 夏休み明け指導と引き渡し訓練

喜多 好一

今月の見通し

学校生活に関わる指導	行事
子供理解 ● 夏休み明けの子供理解の在り方	**保護者や関係機関との連携** ● 避難訓練・引き渡し訓練への参加
交流活動	**その他**

学校生活

❶ 夏休み明けの子供たちの様子の把握

　9月になると夏休みを終えた子供たちが学級に戻ってきます。多くの子供は，友達や先生に会えるのを楽しみに登校してくることでしょう。しかし，なかには学校生活への不安を抱えている子や夏休みの生活に慣れてしまい覇気なく登校してくる子など，心配な子もいるはずです。一人一人の表情や言動をつぶさに観察するとともに，どのように夏休みを過ごしたか，子供や保護者から聴きとりをします。学校では，複数の教員の目で生活の様子を観察して，気になることを互いに情報共有し，要因や背景を探り，できるだけ早く対策を講じます。夏休み明け一週間は，子供の様子をふまえて，学校生活のリズムを取り戻すことに留意します。

❷ 2学期（前期後半）の指導

　夏休み明けの指導で心がけたいことは，学級でのルーティンを確認すること，そして改めて

学習への構えをつくることです。夏休み明けの1週間は，この2つに重点をおいて徹底して指導を重ねます。特に学習の構えを取り戻すために，いきなり机上での学習に終始するのではなく，友達同士が楽しく活動する授業や実際に作業する授業など，身体を動かしたり，操作的な活動を取り入れたりするなど，授業への参加意欲を高める工夫をするとよいでしょう。夏休みの思い出を発表する機会もあることから，できれば，一人一人の経験を写真や動画などを保護者の協力で用意し，紹介する機会を設けると支持的な学級集団づくりに役立ちます。

学級経営のポイント

❶ 引き渡し訓練

　9月1日は防災の日であることから，大規模な災害（地震，津波，火事など）が発生したことを想定して，保護者への引き渡し訓練を行う学校が多くあります。特別支援学級の子供のなかには，災害が起こったときの不安が大きくパニックを起こしてしまったり，恐怖で身体が固まって動けなくなったりする子がいます。そのような子供たちに応じた個別の対応の仕方を教員間で十分に検討しておく必要があります。そのうえで，子供自身が，どのような場であっても「自分の身は自分で守る」ように指導していくことが重要です。学校では，避難訓練を年間通して計画的に実施していますので，想定している災害について理解を深める指導，避難の仕方の指導等を，そのつど行っていきましょう。例えば，避難時の合い言葉である「お・か・し・も」に加え，地震であれば倒れてきたり落ちてきたりするものから頭を守ること，火事であれば煙を吸わないようにハンカチなどで口を塞ぐことなどを繰り返し指導します。引き渡し訓練のねらいは，学校での避難後に，保護者等に確実に引き渡し，子供と一緒に通学路を下校しながら危険な箇所がないか確認をしてもらうことにあります。災害時の避難の仕方については，保護者の理解を得る機会となりますので事前に丁寧に周知を図っておくことが大切です。

❷ 交通安全指導の徹底

　6月の春の交通安全運動週間に続き，9月下旬には秋の交通安全運動週間が設定されていますので，引き渡し訓練の経験を生かして安全な登下校の仕方，交通事故防止の指導をします。

仕事のポイント

　知的障害の特性として，夏休み前までに学校でできていたことができなくなってしまっていたり，忘れてしまったりすることがありますので，そのことをふまえて子供の成長を促していきましょう。スモールステップで繰り返し指導し，けっして焦らないことです。

9月

教室掲示

コスモス畑と秋の虫

本山　仁美

秋の掲示「コスモス畑」

　9月の掲示は秋を感じることができるように、コスモス畑を作りました。算数の測定、長さやかさの単位と測定の学習をした子供が、紙テープを指定したサイズに切り、材料の準備をしました。切った紙テープを使って、コスモスの花を作ると伝えておくことで、目的意識をもって、長さを測ったり切ったりすることができました。また、子供が進んで取り組むことができるように、作り方の手順を示しました。作り方の手順を見てどんどん進めていく子、教師の支援を受け進めていく子、できるようになって友達に教える子、進め方は様々ですが「コスモス畑を作ろう」という目標を達成するために、子供同士が関わり合いながら楽しく作ることができました。

タックシール，画用紙を花芯に使いました。好きな方を子供が選択して作りました。葉はドリッピングで。たっぷりの水で溶いた絵の具を筆につけ，画用紙に垂らし，それをストローで吹いて模様にしました。

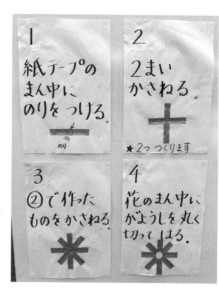

作り方の手順を示しました。視覚優位の子供は手順を示すことで，自分の力で取り組むことができました。達成感を味わうことができるようにしています。

秋の虫を見つけたよ

「音楽」で「虫の声」を歌いました。歌に虫が出てきたので，「生活単元学習」の時間に中庭へ虫を探しに行きました。歌に出てきた虫が見つからなかったので，図書館の本やタブレットで調べ学習をしました。虫の名前，大きさ，色などの特徴をまとめて掲示しました。友達の作品を興味深そうに見る姿が見られました。

9月

子供理解

夏休み明けの
子供理解の在り方

中嶋　秀一

とにかく明るく始業式を迎えましょう

　夏休み明け，子供たちはどんな顔で教室に来るでしょう？　久しぶりの教室に，戸惑いや不安がある子供もいるかもしれません。子供たちが安心して学校生活を再開できるように，教室の準備をしましょう。夏休みの課題や持ち帰った学習用具をたくさん持ってきます。何をどこに出したらよいのかわかるように，提出場所をセットしましょう。わくわくした気持ちで登校する子供もいれば，元気のない子供もいるかもしれません。どんな子供も支えるのが先生の仕事です。笑顔で子供たちを迎えましょう。

❶ 元気な子供だけに偏らない接し方を！

　先生や友達に話したいことがいっぱいある子供は，たくさん聴いてあげましょう。期待に応えてあげれば，子供は元気に新学期をスタートできます。話しかけてくる子供だけが「話したい」のではありません。自分から話し出せない子供もいます。生活表や日記などに素早く目を通し，先生から言葉をかけてあげましょう。

❷ 元気のない子供に配慮した接し方を！

　眠そうなのにがんばって登校した子供には，「よく来たね！」とがんばりを認めてあげましょう。生活リズムが戻らないのは発達障害の特性かもしれません。否定や叱責は避けましょう。先生と話したり，友達と過ごしたりすれば脳や体のスイッチが入って元気が戻ってきます。

　忘れ物をして元気がない子供もいます。「明日で大丈夫だよ」「スリッパ使っていいよ！」など安心できるようにしましょう。忘れたことを自分で伝えられたら褒めてあげましょう。

　課題ができておらず不安な子供もいます。否定したり責めたりせず，「そうだったんだね」と事情を理解してあげることが大切です。家庭の事情や障害の特性によって達成が難しかったのなら，決して子供のせいではありません。終わったことは水に流し，次から改善していけばいいのです。支援の再検討や，家庭へのサポートも必要と考え，以後の指導・支援に生かしていきましょう。

夏休みの過ごし方から見えること

❶ 保護者のサポートが手厚い家庭には

　夏休みの課題を保護者がたくさん手伝っている場合があります。より完成度を上げようとする親心は理解できます。しかし，子供の自主性が育つチャンスを逃さぬよう，自力でやり遂げている学校での姿をこまめに伝え，保護者との共通認識を深めましょう。保護者の努力は否定せず，「お子さんのためにがんばってますね」と努力や苦労をねぎらいましょう。保護者の一生懸命な関わりが，適切な発達支援につながるよう，家庭との連携を続けていきましょう。

❷ 心配な家庭には

　旅行やキャンプなどの夏休みらしい体験ができなかった子供もいるでしょう。小さな出来事でも，「楽しかったんだね」「いいなー」と羨ましがってあげましょう。友達がテーマパークに行った話や，高度な自由研究を褒められている姿に，複雑な気持ちになる子供がいるはずです。子供が寂しい思いをしないよう配慮しましょう。

　家庭の教育力不足を指摘しても何も始まりません。仕事や健康上の理由があるかもしれませんが，子供のことを考えていないわけではありません。そのような家庭は，子供にも保護者にも理解者が必要です。保護者の気持ちを受け止め，先生と保護者が一緒に子供を育てる姿勢が大切です。カウンセリングマインドを心がけ，「がんばってますね！」と話を聴きましょう。感情的でトラブルが多い子供・家庭だとしても，先生のあたたかい心に触れ，尊重され守られる保護体験を重ねることが心の安定につながります。子供や家庭の問題点こそ，今後の支援のヒントです。特別支援学級は，発達の課題を受け止め，特別な支援を行う学びの場なのです。

転入生が来るときは

　確認事項をチェックし，保護者や前担任と連絡を取りましょう。行動の様子や得意なこと，配慮事項も必須です。スムーズなスタートができるように準備しましょう。

転入生チェックリスト（各項目の担当者と確認）

□転入日の確認（最初の登校日）

□事前登校日の確認（転入の手続きや保護者との面談の実施）

□教科書給与証明を確認し，未支給の教科用図書があれば発注

□PC 用児童アカウントの登録　　　　　□アプリ等，欠席連絡の方法の確認

□学習や生活に必要な持ち物の確認　　　□購入が必要な教材の確認

□連絡先，住所，登下校方法の確認　　　□座席，整列順の確認（含交流学級）

第 2 章　必ず成功する！　12 か月の仕事術　131

保護者や関係機関との連携

避難訓練・引き渡し訓練への参加

五郎丸美穂

避難訓練〜子供たちの実態に応じた支援，配慮を〜

　万が一の災害に備えて行われる避難訓練は，子供たちにとっても教師にとっても大切な取組です。障害や特性のある特別支援学級の子供たちの避難訓練には，通常の学級の子供たち以上に細かな配慮が必要になります。小・中学校では，火災，地震，津波，不審者対応など，様々な学校安全に関わる避難訓練の実施計画が職員会議等で提案されることと思います。その際，特別支援学級の担任は，自分の学級の子供たちの実態を考慮しながら，子供たちや教師の動きを具体的にシミュレーションしてみる必要があります。

❶ 交流学級との連携

　避難訓練が行われるとき，子供たちは特別支援学級で過ごしていることもあれば，交流学級で過ごしていることもあるでしょう。1年生など避難訓練にはじめて取り組む子供は，特別支援学級で，担任の見守りのもと避難訓練を行うのがよいかもしれません。普段から交流学級で過ごすことの多い子供は，交流学級から避難する訓練を行うことも考えられます。

　避難後に全校で集合する際に，特別支援学級と交流学級のどちらの学級の列に並ぶのか，どちらの学級で人数把握をするのか確認しておきましょう。特別支援学級担任と交流学級担任が連携をとって，確実に子供たちの安全を確認することが大切です。

　実際に災害が起こったときには，特別支援学級・交流学級の教室以外に，運動場や特別教室から避難することがあるかもしれません。すべてのケースを想定した避難訓練は難しいと思いますが，いろいろな場面での避難をシミュレーションしておくことが大切です。

❷ 子供たちの実態に応じた事前指導

　子供たちが落ち着いて避難訓練に参加したり災害時に安全に行動したりできるようになるためには，事前指導が大切です。

　特別支援学級の子供たちのなかには，突然のことに対して臨機応変に行動することが苦手な子供もいます。避難の仕方や自分の身の守り方を動画やイラスト等で視覚的に示したり，理解

しやすい言葉で伝えたりして，落ち着いて避難できるように事前学習を行いましょう。

　小・中学校では，子供たちに日時を告知せずに避難訓練が行われることがあります。特別支援学級の場合，事前に知らせておいた方が落ち着いて行動できることもあるので，子供たちの実態に応じて考えましょう。

障害特性を考慮した，安全に避難するための確認ポイント（例）

○学級の子供たちは，放送などを聴いて，災害が起きたことを理解できますか
- 難聴の子供 … 補聴援助機器や Bluetooth 機器，教師の声かけ
- 知的障害の子供 … 視覚的な提示，教師の声かけ

○学級の子供たちは，安全に避難できますか
- 弱視の子供 … わかりやすい目印，段差等の確認
- 肢体不自由，病弱の子供 … 移動方法や移動ルートの確認・見直し，他の子供たちと避難が重なる際の安全確保

＊担任，支援員の配置など，人的体制を整えることも必要

【事前指導の工夫】

避難の仕方を視覚的に示すことで，落ち着いて避難することができました。

引き渡し訓練

　引き渡し訓練は，保護者との連携が大切です。同じ学校に兄弟姉妹がいる場合，先に兄弟姉妹，その後特別支援学級の子供の引き渡しを行った方がよい場合もあります。また，保護者を待つ間，子供たちが不安にならないような配慮も必要でしょう。

10月

今月の見通し

行事を活用した目標づくり

大関　浩仁

今月の見通し

学校生活に関わる指導
- 来校者への接し方

子供理解
- 仲間との協力・応援

交流活動
- 各学年の社会科見学などの校外学習への参加

行事
- 連合行事会への参加

保護者や関係機関との連携
- 地域リソースに関する情報収集・整理

その他
- 掲示物の確認

学校生活

　10月は，1年間の後半期に入ります。前半（4～9月）までの学習で身につけた成果について，実際の活動場面で生かしたり，多くの方に披露したりする機会が多くなってきます。

　この時期は，学校公開や運動会等を実施する学校も多いことでしょう。また，市区町村内にある他校の特別支援学級と共同で実施する連合行事のほか，通常の学級を含めた学年単位の社会科見学等，日常よりも大きな集団に参加して活動する様々な学校行事があります。

学級経営のポイント

❶ 行事ごとに個別の目標設定

　特別支援学級としての目標とは別に，個別の指導計画における目標をふまえながら，それぞれの行事における具体的な目標も行事ごとに個別設定します。その際は，教員からの一方的な

押しつけとなってしまわないよう留意し，本人の現在の力量に応じて，あと少しがんばれば達成できそうな目標となるように導くことが大切です。

❷「交流及び共同学習」の充実

　個別の実態に照らして通常の学級における教科学習等に参加する「交流及び共同学習」とは別に，社会科見学の事前学習へ一緒に参加して学ぶ機会もあります。特別支援学級の担任として，時間的な余裕を十分にもち，本人に関する配慮点や当該活動における個人目標と必要な手立てについて，交流学級の担任と共通理解しておく必要があります。単に交流だけをねらいとするのか，それとも教科や領域の学習として参加するのか，どのようなねらいをもって活動するのかについて，できれば家庭とも事前に共通理解しておけると本人の安心につながります。

❸ 集団ルールと対処法についての理解

　連合行事や学年行事への参加など，日常より大きな集団の活動に参加する場面で求められるルールについては，日常生活の指導をはじめ，普段の学びの時間のなかで取り扱うことでしょう。その際，「困ったときはどのように対応すればよいのか」を個々の実態に照らして適切に示し，定着を図るための指導や助言を重ねます。このことは，本人にとっての成功や達成感を確実なものに近づけ，成功体験の積み上げとなります。

❹ 次年度の「学びの場」に関する検討準備

　自治体や学校によって違いはありますが，各学校では12月頃までに次年度の特別支援学級の在籍者数について，おおよその見通しをもつこととなります。そのためには，本人にとって次年度はどのような学習環境が望ましいと考えられるか（このまま特別支援学級がよいか，特別支援学校のほうがよいか，通常の学級がよいのか等）について，保護者との共通理解を進めていけるとよいでしょう。具体的には，1学期までの学習成果に併せて，夏休み明け1か月間（9月）の学校生活の様子等も加味し，本人の様子と望ましいと思われる学習環境等について保護者まで情報提供できるよう，情報を整理するとともに，学校内での共通理解を進めます。なお，管理職への相談や校内委員会を経て組織的に意思決定することにも留意しましょう。

仕事のポイント

　授業参観や連合行事など，多くの保護者や地域の方と子供が出会う場面は，「本人が自信をもって活動に参加できるためには」「達成感や成就感を味わえるようにするためには」を考え，どのような手立てを工夫できるか，特別支援学級の担任として腕の見せどころです。1人で抱え込まずに，日頃から同僚や上司も含め，可能な限りの情報共有，共通理解を図りましょう。

教室掲示

遠足に向けての掲示と動物園の絵

本山 仁美

遠足に向けての掲示

　10月から各学年の校外学習が始まります。本学級の子供は交流学級の友達と一緒に遠足等の校外学習に参加しています。そのため，子供によっては緊張して不安になることもあります。見通しをもつことで，その不安を軽減できるようにしています。

　特に1年生にとってはじめて参加する遠足では，事前学習を丁寧にします。特別支援学級の1年生だけで，校外学習について調べ学習をしました。教師が下見のときに撮った写真を見せ，動物園にどんな動物がいるかを知りました。その後，簡単な園内地図を作り，そこに子供が描いた絵を貼りました。どこに行くのか見通しをもったところで，2年生以上の子供に1年生の

遠足での思い出やどんなことをしたかを発表したり，コメントを書いて園内地図に貼ったりしてもらいました。それを見ることで，遠足に行くことが楽しみになったり，不安を軽減したりすることができました。

園内マップには，子供が描いた絵を貼りました。
お弁当を食べる場所や写真を撮る場所，動物とのふれあいの場所も書いてあります。

2年生以上の子供に，動物園の思い出やコメントを書いてもらいました。休み時間にコメントを読んで，上級生に質問する姿も見られました。友達が楽しめた場所と知るとより安心して行くことができますね。

動物園の絵

遠足が終わったら，図画工作科の時間に絵を描きました。実際に見たので，特徴を捉えて描くことができました。作品から楽しい思い出が伝わってきます。

作品カードをつけて，掲示すると友達が見ます。そこで描いた絵を褒めてもらう経験をします。一つ一つの活動が，子供の自信になるようにしていきたいです。

第2章 必ず成功する！ 12か月の仕事術 137

10月

交流学習

各学年の社会科見学などの校外学習への参加

後藤　清美

準備が8割！　当日の行動を順に想像して課題とその対応を考える

　生活科・社会科見学，宿泊を伴う移動教室など，校外学習は子供にとって体験的に学ぶ貴重な機会です。また，集団での行動や公共の場でのマナーを学ぶ場でもあります。子供が楽しく，かつ実のある体験となるように，しっかりと準備をして臨みたいものです。

❶ 準備

【現地の確認】　実地踏査に行った際は，交通のルート，現地の様子，トイレの和・洋式と場所，活動範囲や危険な場所，休憩場所や待機場所などをチェックして写真を撮っておきます。その写真は，事前指導で活用します。

【スケジュールと活動方法の確認】　活動の流れとタイムスケジュールを確認します。時間的に余裕があるか否か，待ち時間がどれぐらいかなどを確認して，疲れたときや苦手な活動のときに休憩する場所と合流するタイミングを考えます。場合によっては，見学先の担当の方に相談して待機場所を確保し，引率の先生方と共通理解を図っておきます。

　また，グループで活動するのか，クラスごとに動くのかで，教員や支援員の配置を検討します。グループ編成やバスの座席等，人間関係に配慮することを忘れないようにします。

【保護者と連携】　公共の場やはじめての場所での行動パターンを確認し（次頁枠内参照），不安な要素がある場合には一緒に対策を考えます。特に，宿泊を伴う移動教室などの場合には，ご家庭で一度現地へ出向いてもらったり，事前に練習してもらったりすることも検討します。集団が苦手な場合には，現地への送迎や，保護者に同行してもらうこともあります。

❷ 事前指導

　まずは，安全指導です。低学年であればあるほど，交通安全の観点から歩き方や並び方の指導をします。普段から教室移動の際に，1列（または2列）で歩く，前の人と一定の間隔で歩く，前の人を抜かさないなど，並んで歩く練習をすると効果的です。

　次に，活動の目的を明確にします。遠足や移動教室であれば，集団生活を通して友達と協力することや仲を深めることがあげられます。ここでいう協力とは何か，仲を深めるとはどうい

うことをいうのか，具体的な姿をあげながら伝えるとよいでしょう。社会科見学であれば，学習内容に沿ってくわしく見たいことや質問したいことを子供が考えておくことで，目的意識が高まります。見学の後に，新聞やプレゼンテーションにまとめることが多いと思います。事前に子供に伝えておくことで，見通しをもって見学することができます。

　しおりを配付するときには，交通手段や現地の様子の写真を見せながら，スケジュールに沿って説明をします。トイレの場所や活動範囲などを伝え，子供の心配事にも丁寧に答えていきます。また，公共の場のマナーや予測される危険なことを具体的にイメージできるように指導します。しおりに，マナーや安全面に関するめあてを記入させるのもよいでしょう。

❸ 当日

　持ち物の確認をします。探検ボードやワークシートなどは当日の朝や使う直前に配ります。教員の持ち物として，筆記用具を失くしたりお弁当の箸を落としたりすることもあるので，予備を持って行きます。救急セットやウェットティッシュ，ビニール袋なども備えておきます。

　生活科・社会科見学では，施設の見学と合わせて様々な説明を聴くことができます。ただ，真剣に聴いていても，翌日には忘れてしまうこともあります。また，説明を聴きながらメモをとることが難しい子供は少なくありません。可能な限り，説明しているときの動画や現地の写真を大人が撮っておくようにしましょう。

❹ 事後指導

　新聞やプレゼンテーションにまとめる前に，見学したことや質疑応答の内容を一度みんなで振り返ることが有効です。先にも触れたように，記憶があやふやになり忘れてしまう子もいます。現地で撮影した動画や写真を活用しながら覚えていることやメモをしたことをみんなが少しずつ発表していくうちに，だんだんと思い出したり，聴き洩らしたことを知れたり，誤って認識していたことを修正したりすることができ，まとめの活動に取り組みやすくなります。

　「次もまた行きたい」と思えるような振り返りにしましょう。

保護者との確認事項

□暑さや寒さへの耐性，対策　　　　　　　□乗り物酔いや電車・バスの人混みは大丈夫か

□和式トイレは使用可能か　　　　　　　　□室外のトイレは使用可能か（臭いや汚れ）

□はじめての場所に行ったときの行動や様子（テンションが高くなる，不安になる等）

□長時間歩くことは慣れているか（ハイキング等の経験）

□博物館等へ行ったことがあるか（マナーを知っているか，落ち着いて過ごせるか）

□バスのなかや宿泊の大部屋で騒々しくても過ごせるか（聴覚過敏等）

10月

行　事

連合行事会への参加

小島　久昌

連合（合同）行事の種類やねらいについて

　特別支援学級の連合（合同）行事会の種類は，各自治体によって様々かと思います。

　6月に記載した宿泊学習以外にも，新入生・転入生を迎える会，遠足，展覧会，文化的発表会，運動会，球技大会，マラソン大会，卒業生を送る会などが行われているようです。

　それぞれの行事には，ねらいが明確に定められています。学級数や児童数，実施時数，場所など，様々な条件のなかで長期に渡って継続している行事がほとんどになるかと思います。小学校と中学校との合同行事として位置づけられている場合もあるでしょう。各行事のねらいを確実に把握したうえで，学級の子供の実態と照らし合わせて学級のねらいを定めます。

　また，学校や学級の行事の実施時期と合わせて，カリキュラムマネジメントを行う必要も出てくるかと思います。連合（合同）運動会が実施されている自治体の特別支援学級の子供は，学校と連合（合同）の2つの運動会に参加することになります。過度な負担にならないように事前学習の期間や学習の内容を調整します。

事前準備について

　連合（合同）行事の実施前には，市区町村教育委員会担当者や特別支援学級担任が参加する事前打ち合わせが行われます。

　行事の運営については，担任が役割分担を行うことになりますが，前年度の記録などを参考にしたり，前年度の担当者に聴いたりしながら，不備のないように締切りに留意しながら準備を進めます。

　また，実施要項と照らし合わせながら，事前学習の計画を立てます。事後学習とも合わせて生活単元学習として大単元化すると，特別支援学級の教育課程の特性を生かせることにつながります。

　ここからは，連合（合同）運動会を例にあげ，学習の内容について述べます。

❶ 事前学習の内容

全体で練習を進めながら，個別で対応すべきこと（危険が伴う・実態に合わない）などがないかも含めて考えます。

- 各種目の個人目標の設定
- 各種目の方法やルール（エントリー含む）などの理解
- 各種目の練習（運動に慣れる・運動の特性に触れて工夫する・習熟する）

ワークシートなどを活用して，各種目の方法やルール，自分の出場順や位置について理解するだけでなく，運動の特性に触れて子供が動きを工夫する時間を設定することが体育科の授業として成立する要件になります。

❷ 全体での調整・事前準備

事前学習を進めるなかで，個別に対応すべきことがあれば，前述の打ち合わせなどで全体での調整を図ります。全体で方法やルールを変更すべきことなのか，個別に対応する必要があることなのか分けて考えるようにします。

また，学級でお世話になっている方々に案内状をお出しすることもおすすめします。ゲストティーチャーとして授業に参加していただいている方やPTAの役員の方々に参観いただくことは子供たちへの大きな励みになるだけではなく，参観いただいた方々の今まで以上の理解を深めることにつながります。

❸ 当日の運営

一人一人の子供が自分のエントリー（短距離走であれば何レース何コースを走るのか）を確実に理解していることが大切です。

また，当日の会場に不慣れな子供がほとんどであることが予想されます。可能であれば開会式前に，短距離走で走るコースを走ってみる，代表で挨拶する段取りを確認してみるなどの練習を行うと安心して活動できるようになります。

介助員も含めて，プログラムごとに指導体制を明確にしておくことも必要です。

❹ 事後学習

6月の宿泊学習と同様に連合（合同）行事として振り返りを行ったり，発表したりします。

今月の見通し

11月

一人一人が輝ける発表会

大関　浩仁

今月の見通し

学校生活に関わる指導
- 目標の確認，振り返り，自己評価

子供理解
- 友達のよいところ，伝え合い

交流活動
- 交流学級の一員として

行事
- 学芸会・展覧会・音楽会などへの参加

保護者や関係機関との連携
- 保護者面談
  〜次年度の在籍変更や進学について〜

その他
- 学習場面での具体的な様子を記録

学校生活

　11月は多くの学校で，学習発表会や音楽会，展覧会など，学校全体で実施する文化的行事が開催されます。特別支援学級の仲間と一緒に活躍する姿を具体的にイメージすることは，本人の学習に取り組む姿勢や成功への期待に大きく役立つことでしょう。特別支援学級として出演・出品する機会は，学校全体の子供たちや教職員，保護者や地域に対して，特別支援学級のことや一人一人の姿をより深く知ってもらう絶好の機会にもなります。

学級経営のポイント

❶ 発表会への期待と意欲

　学習発表会などの文化的行事は，子供にとって，自分の学習成果を表現できる大切な場面となります。また，保護者にとっては，子供の成長の姿を具体的に見ることのできる貴重な機会

です。ここで留意すべきことは，主役は子供であること，子供自身が成功を期待して活動に取り組めること，意欲をもてること，などです。活動ありきの押しつけになってしまわないよう，子供一人一人の特性を十分にふまえ，適切に役割や演出を計画しましょう。

❷ 協力してつくりあげる達成感

　朝の会や帰りの会などを活用して，発表会に向けて協力を依頼したり，意見を求めたりして，特別支援学級の仲間と一緒につくりあげる楽しさを子供が実感できるよう働きかけを重ねます。仲間と一緒に，学級として目標に向かって努力を重ねることで得ることのできる達成感は，大きな満足感となりますので，その際に担任の先生は，子供の気持ちを上手に引き出して「うん，そうだね。〇〇だね，嬉しいね」などと，言語化してあげるとさらに効果的です。

❸ 振り返りを通して得る自信

　行事後の事後学習では，子供一人一人が設定した目標にどこまで近づくことができたか，努力や経過の様子などを教員が具体的に示し，本人の自信につなげることが肝要です。友達や参観者による感想カードなどを用いて，本人が他者から認められたことを実感できるように工夫したり，学級として記録動画の鑑賞を進めながら具体的な場面に即した評価を互いに伝えあったりするなど，評価されていると認識できることは，本人の自信につながります。

❹ 保護者面談の準備

　前月より整理してきた内容について，必要に応じていつでも保護者に面談で提示できるよう取りまとめておきます。文書等で保護者に手渡すことのできる内容（事前に管理職による了承が必須）であるか，口頭だけで伝えるべき内容なのか，よく吟味しましょう。そのうえで，時間的余裕を十分にもって同僚との共通理解，調整を進め，最終的には管理職による了承を得た内容について保護者へ伝えるよう心がけてください。

仕事のポイント

　学習発表会などの文化的行事は，子供にとっては他者と自分の違い（それぞれに得意なことが異なる現実）を知る機会となります。また，保護者にとっては，同年齢の他の子供の様子について知り，我が子の学びについて改めて考えるきっかけとなります。半年後の進級先（あるいは進路先）として本人にとって最も適切な場について，保護者と一緒に考えるというスタンスで面談に臨むための諸準備は早めに着手します。行事当日の様子だけでなく，成功に向けた学習場面での個別の様子を記録しておき，どのような支援がどの程度あれば，どこまでできるようになっているかを具体的に伝えられるようにしておきましょう。

11月 行事

学芸会・展覧会・音楽会などへの参加

小谷野さつき

　11月は、各学校で学習発表会、学芸会、展覧会、音楽会などの文化的行事が設定されています。今回は、学習発表会について紹介します。

カリキュラムマネジメント

　本学級では、SDGsの目標12番「つくる責任・使う責任」をテーマにして学びを深めています。子供一人一人の活動と発表内容をリンクさせて実りある学習にするため、年間指導計画を作成する際に、学習発表会で扱う単元を各教科等とも関連させて大単元化します。

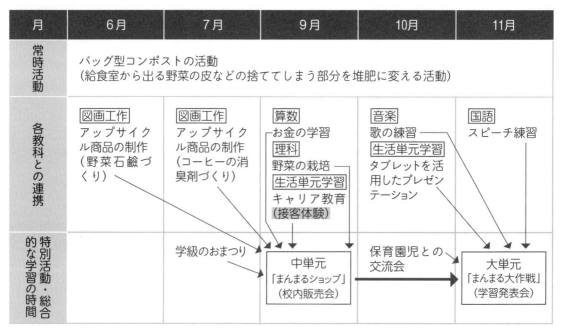

　各教科等と合わせて進めてきた学習を1か月程前から学習発表会での発表形式にまとめ直していきます。いくつかのグループに分けて担当したり、発表の方法を工夫したりしながら、自分たちが行ってきた活動を通常の学級の友達や保護者の方々に伝えるという相手意識をもって発表できるように進めていきます。

プロット

　人数の多い学級の場合は，右表のように発表の場面によって分担をしてグループで学習できるように工夫しながらプロットを考えます。

時間	発表内容	担当学年
	発表方法等	子供の活動
7分	バッグ型コンポストの活動の紹介	中学年を中心としたグループ
	劇仕立て	台本は担任が作成し，小道具は子供が作成する
7分	コンポストのしくみについての紹介	高学年を中心としたグループ
	パワーポイントでのまとめ・クイズ	子供自身が，インターネットで情報を集めてまとめる
2分	アップサイクル商品の紹介	低学年を中心としたグループ
	替え歌仕立て	担任が歌詞と振付を考える 歌詞や活動写真を，スクリーンに投影する
4分	合唱	全員で参加 [カーテンコール]
	替え歌仕立て	子供が授業のなかでつぶやいたことをヒントに担任が歌詞を考える

練習

　学習発表会の練習は，ステージのうえで子供だけで自信をもって発表できるように繰り返し何度も行います。体育館での練習の前に，台詞や演技の練習を済ませて，体育館の練習では，舞台の大きさを意識した練習に注力できるようにします。子供の立ち位置にテープを貼るなどして目印をつけます。小道具の準備や場面の切り替えに時間がかからないように，介助員等の役割もきちんと決めて指導体制を整えていきます。

　子供のなかには，注目されることに不安や過度な緊張を感じる場合があります。立ち位置や台詞に配慮をして不安を軽減させるようにします。また，保護者の方にも練習の様子を伝え，当日に特別な配慮が必要な場合は相談しておくようにします。

本番

　特別な配慮が必要な場合を除き，ステージ上には担任が支援に入らないようにします。担任も不安になりますが，子供たちの力を信じて見守ります。他学年の発表を見る時間が長く，集中力がなくなってしまう場合は，後ろの座席で見せたり，早めに教室に戻したりする対応を考えます。

発表後

　文化的行事は，特別支援学級単独でプログラムを組むことが多いかと思います。よい理解に結びつくよう，子供のよいところを見ていただける工夫をします。通常の学級の友達からコメントをもらう交流や，学校職員や保護者から直接感想を伝えてもらう時間を設けます。がんばりや成長したところを認めてもらうことで，自己肯定感を高めることができます。

第2章　必ず成功する！　12か月の仕事術　145

11月

保護者や関係機関との連携

保護者面談
～次年度の在籍変更や進学について～

五郎丸美穂

　秋から冬にかけては，次年度からの学びの場について，校内委員会，市区町村教育支援委員会での審議を経て，保護者と合意形成する時期になります。校内委員会や市区町村教育委員会の判定，判断を保護者に丁寧に伝え，合意形成を図っていきましょう。

　「子供の成長を願う気持ちは同じ」。日頃からの信頼関係をベースに，やわらかい雰囲気で話合いができるといいですね。場の設定や出席者，伝え方も大切です。保護者と関わりのあるスクールカウンセラー（SC）や放課後等デイサービスの方に同席していただくことで，話合いがうまく進んだケースもあります。保護者面談の進め方について，校内でよく相談してから面談を行うことが大切です。

保護者と合意形成を進める際に大切にしたいポイント

○保護者，本人の想いの確認

○校内委員会や市区町村教育支援委員会の判定をふまえて

　「だれが，何を伝えるのか」の役割分担（担任，特別支援教育コーディネーター，管理職など）

- 学級でのよい面，課題，行ってきた支援を伝える
- 複数の目で様子を見て，校内で検討したうえでの学校としての思いや理由を伝える
- 変更後の学級・学校の特徴，措置替え後の生活について具体的に伝える

○「いつ，どこで伝えるのか」の検討

- 必ず会って伝える
- 場所の設定（教室，校長室，相談室など）

○今後のスケジュールの確認

保護者面談～学びの場の変更について，合意形成が図れそうな場合～

　学校や市区町村教育委員会と保護者，本人の意見が一致している場合，合意形成はスムーズに進むと思います。その際は，進学や在籍変更した後の生活や引継ぎについて保護者と確認したり本人にわかりやすく説明したりして，次年度からの生活につなげていきましょう。

保護者面談 〜学びの場について，合意形成が難しい場合〜

校内委員会や市区町村教育支援委員会の判定と保護者の思いが違っている際は，より丁寧に話合いを進めていく必要があります。判定に至った理由や学校の想いなどを誠意をもって伝えると同時に，保護者の想いをよく聴きましょう。合意形成が得られることだけが話合いのゴールではありません。教師も保護者も「子供の成長を願う気持ちは同じ」。合意には至らなくても，その後も共に協力して子供を支援していけるようにしたいものです。

中学校卒業後の進路選択に向けて

中学校の特別支援学級在籍生徒や保護者にとって，中学校卒業後の進路選択は大きな節目です。就職・就労についても悩んでいる保護者は多いでしょう。保護者に必要な情報提供をしながら，子供の将来について一緒に考えていきましょう。また，入試等で「合理的配慮申請」が必要な場合，校内の特別支援教育コーディネーターや管理職とも相談のうえ，必要な手続きを進めていきましょう。

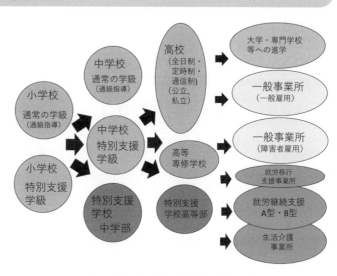

支援が必要な子供たちの進路の例

中学校卒業後の進路を考える際のポイント（例）

○本人の意志，モチベーション
○保護者の想い
○入学基準，本人の学力
○学校の特色，雰囲気と本人の適正
○受検（受験）や入学後受けられる配慮や支援
○本人の生活リズム（起床時刻，帰宅時刻，学習・余暇時間の確保）
○通学方法（公共交通機関や自転車等で安全に通学できるか）
○高等学校，特別支援学校高等部等を卒業した後の進路

12月

今月の見通し

2学期までのまとめ

大関　浩仁

今月の見通し

学校生活に関わる指導
- 季節感のある作品，飾りつけ
- 招待状づくり

子供理解
- 目標の達成度合いを確認，自己評価

交流活動
- 交流学級を招待

行事
- 学期末お楽しみ会を主催

保護者や関係機関との連携
- 懇談会，ケース会議

その他
- 次年度の教育課程づくり

学校生活

　12月は，実際の登校日が15〜20日程度と少なく，2学期のまとめや学期末（あるいは年末）のお楽しみ会などが終わるとすぐに冬休みとなる月です。保護者会のほか，お楽しみ会に保護者を招待する特別支援学級も多いことでしょう。2学期までの成長について，子供の姿や面談を通して家庭と共通理解することとなります。また，大掃除や新年を迎える準備など，季節の行事や風習などについても題材となりやすい時期です。

学級経営のポイント

❶ 子供による自己評価

　学級目標と一人一人の目標，それぞれについて，子供自身がどこまで達成できているのかを振り返り，自己評価することは，次の成長にとって大切な過程となります。障害の特性や発達

段階に考慮して，「◎○△」や顔マークなど，子供にとってわかりやすい（選びやすい）選択肢を準備するなどの配慮もあるとよいでしょう。一人一人の様子を見ながら，具体的な言葉かけや手がかりの提示を行い，本人が思いを表出しやすい状況となるよう工夫してください。

❷ 教師が行う個別の評価

　学期末として，通知表に記す学習の様子のほか，個別の教育支援計画（学校生活支援シート）や個別の指導計画に基づく評価を行い，2学期末までの成果を明らかにしましょう。さらに，個別の各様式に記された目標と指導の手立てを見直し，3学期（案）に反映します。また，指導要録への記載も学期ごとに済ませるよう心がけましょう。

❸ 学級経営計画についての評価

　2学期の学級経営計画に沿って，円滑に実施することができたかを振り返り，評価しましょう。その際，指導や支援の手立ては適切であったか，課題や改善すべき点は何であるかなどについて，子供の変容や背景，実態に照らしながら分析を進め，3学期の学級経営計画（案）に反映させます。

❹ 次年度の教育課程を検討

　12月になると，次年度の特別支援学級の在籍者について，おおまかに予想できる時期に入りますので，子供の実態に照らしながら，次年度の教育課程づくりに着手し始めます。療育手帳の度数や障害の特性，それぞれの個性など，多角的に実態を把握しながら，年間計画をどのように見直して，どのような学習グループを編成すべきか，支援員などの必要な支援体制についても検討し始めましょう。

仕事のポイント

　特別支援学級の担任として，2学期の通知表作成には，特に丁寧に取り組んでほしいところです。1学期の通知表の内容をふまえて，変化や成長の様子が具体的に伝わるような表現を心がけるとよいでしょう。
　特に気をつけたい点は，次の3点（☆）です。
　☆子供の成長（把握した事実，教育的な意味）を客観的に記します。
　☆☆教師としてどう感じているか（思い）を文字（例：嬉しい・頼もしい）で伝えます。
　☆☆☆どう支援したか・していくのか（指導・支援の様子，次学期の抱負）を加えます。
　マイナス的な意味合いや課題となっている行動などを記す場合には，読み手の気持ちを考えた表現となるように配慮しながら，本人への期待と具体的な手立てを記しましょう。

12月

教室掲示

もみの木の掲示と
図工作品「リース」

本山　仁美

冬の掲示

　12月は，冬の掲示として，図画工作科の時間に作った「もみの木」を学年掲示板に飾りました。

　もみの木は，画用紙とお花紙を貼っていきました。大きな枠は教師が決めましたが，子供に自由に貼ってもらいました。

　もみの木が完成したら，スパッタリングで雪を表現しました。それぞれの担当を決めることで，積極的に取り組むことができました。

　特別支援学級全員で壁面掲示を作ると，高学年の子供が低学年の子供に教える姿が見られたり，低学年の子供が高学年の子供のよいところを取り入れようとしたりと活動に幅が出ます。また，楽しく取り組んだ作品を掲示すると，子供の喜ぶ姿が見られました。

　休み時間に描いた小さな絵をオーナメントのように貼って完成させました。全員で写真を撮り，そちらも掲示しています。

図工の作品（リース）の掲示

1年生は、生活科の時間に育てたアサガオのつるを使って、リースを作りました。種から育て、花が咲く様子を観察したアサガオは、子供にとっては特別なものです。つるを支柱から外し、モールで固定をし、飾りつけをしました。1年生以外の子供は、毛糸や布の切れ端でリースの土台を作りました。

図画工作科では、題材は同じでも使うものや手法を変えて取り組むので、クラスのなかに様々な作品を掲示することができます。

アサガオのつるだけで作ったリース。種から育てた大切な思い出を形にしました。飾りをつけて完成させました。

2年生以上の子供は、毛糸を1玉持ってきてもらい、真ん中をくり抜いた円に巻いたり布を貼ったりして、リースを作りました。毛糸を一周巻くのは、意外と大変でしたが根気強くがんばりました。

第2章　必ず成功する！　12か月の仕事術　151

12月

その他

次年度の教育課程づくり

小島 徹

大切な「教育課程」…主体的に向き合っていこう！

「教育課程づくり」と聞くと何だか大変な作業のように感じませんか。教育課程とは「学校教育の目的や目標を達成するために，教育の内容を子供の心身の発達に応じ，授業時数との関連において総合的に組織した学校の教育計画」のことです。その編成の主体となるのは言うまでもなく各学校であり，校長を中心に，すべての教職員が参画しながら進めていく作業です。加えて，特別支援学級や通級指導教室が設置されている学校では，特別支援学級の教育課程も編成していきます。子供たちの実態や教育的ニーズをふまえ「特別の教育課程」も編成していくことになります。特別支援学級の担任として，主体的に向き合い，積極的に編成作業に取り組んでいきたいです。

確かな振り返りを基に，具体的な視点で検討しよう

特別支援学級は各学校に設置されている学級なので，教育目標や基本方針，重点事項，学校行事等の計画などは学校の教育課程をふまえながら編成していくことが大切です。そのうえで，特別支援学級の設置目的や果たす役割，在籍する子供たちの実態や教育的ニーズを基に，特別な教育課程を編成していきます。次年度の教育課程の編成は，やはり今年度の教育課程の振り返りと評価なくしては成り立ちません。子供たちの姿を真ん中に据えて，1年間の教育活動の成果と課題を振り返り，より具体的な視点で検討していくことが特別支援学級の担任としてのがんばりどころです。

実施レベルで展開する「教育活動の計画」の土台をつくろう！

特別支援学級の担任としてのがんばりどころは，教育課程の編成に込めた願いや目標，方針を具現化するための「教育活動の計画」をつくっていくことです。その計画がチーム共有の拠りどころとなり，一貫性のある指導・支援を進めていくための重要な土台となります。教育課

程づくりで共通理解を図った教育活動の方向性をふまえ，子供たちにとってさらに充実した学習が展開できるよう，学級経営案や年間指導計画の修正や改善，工夫を年度内に進めておきましょう。また，個別の指導計画を基にして，子供たちの学習状況や変容，積み重ねてきた指導や支援の効果や妥当性について評価・検証していく作業も大切です。子供一人一人への個別の視点と，特別支援学級としての指導チームの視点とをもちながら，実施レベルをイメージした準備や計画を進めていきましょう。

気持ち新たに次年度を迎えよう

　年度末の忙しい時期。次年度の教育課程の編成や指導計画等の修正や改善に伴う作業は大変ですが，次年度に向けてよき決意の場になるといいなと思います。特別支援学級の，そして担任である自分が担う役割や願いを再確認したり，子供たちのために専門性を磨く決意ができたりするといいですね。みなさんのがんばりが子供たちの未来を拓きます！

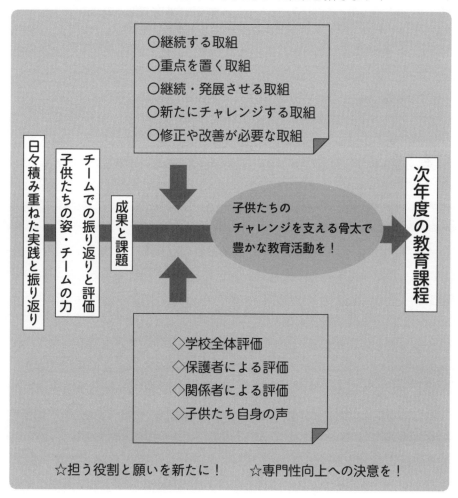

今月の見通し

1月 3学期のはじまりを意識

大関　浩仁

今月の見通し

学校生活に関わる指導
- お正月の遊び
- 日本の伝統や文化

子供理解
- 自己理解，新年の抱負

交流活動
- 交流学級での書道

行事
- 書き初め展への参加

保護者や関係機関との連携
- 進路情報の提示

その他
- 進学や進級への期待

学校生活

　1月は，年末年始を含めた2週間程度の冬休みを過ごした後に，親類や家族と過ごして楽しかった思いなど，記憶の新しいエピソードをもって，子供が登校してきます。なかには，夜更かしやゲームなどをきっかけに生活リズムが崩れかけているケースもあります。子供たちの冬休み生活について，その様子をよく把握して学習に生かすと同時に，学校生活リズムを早急に取り戻せるよう支援を図りましょう。また，新年ならではの地域行事や風習などに関する身近な体験や話題を通して，日本の伝統や文化について学ぶ機会を計画しやすい月です。

学級経営のポイント

❶ 冬休み中の過ごし方を把握

　学校生活のなかった冬休み中には，それぞれの家庭で様々な体験をし，新しい経験や発見な

どから無意識に成長のヒントを得ていることが期待できます。年末の大掃除や大晦日の家事手伝い，新年の初詣や書き初め，すごろくや凧揚げなどの遊び等の他，家族での帰省や旅行など，短期間に多くの出来事を経験している場合が考えられます。一人一人の子供が何を経験し，どのような思いをもったのか，これからどうしたいのか等，子供と保護者から聴き取ることで，3学期の成長に役立つヒントがたくさん見えてくるはずです。子供が意欲的に3学期の学校生活に取り組めるよう，本人の体験や想いと学びがつながる活動を増やしましょう。

❷ 3学期の目標づくり

年度末である3学期は，4月から12月までの成長を振り返り，今年度の残り3か月間における一人一人の課題を具体的に反映した目標となるように指導・支援を進める必要があります。指導のコツは，2学期末までの成長と残された課題について，一人一人が自覚できるよう働きかけ，具体的な行動目標となるように導くことです。その際に気をつけたいのは，抽象的な表現や達成度合いを判断しにくい言葉（「ちゃんとできる」「しっかりやる」「がんばる」等のように漠然とした言葉）を使うのではなくて，「何を・どのくらいの頻度で・どれだけの回数や量をこなす」ことが明確になるように意識するとよいでしょう。さらには，子供が自分で達成状況を把握できるようなチェック表を準備するなど，目標を常に意識できるよう手立てを工夫し，「目標の意識」→「日常における実践」→「自己評価」の流れについて定着を図りましょう。

仕事のポイント

1月の特別支援学級の担任には，次年度の教育課程編成資料を作成するという大役があります。自校の教育課程（通常の教育課程）をふまえながら，特別支援学級に在籍する子供一人一人の特性や発達段階など，実態に照らしながら，効果的と考えられる学習の内容や指導方法について考えます。そして，実際に取り扱う各教科や領域の内容，指導形態などを含め，前月より着手してきた特別の教育課程を編成するための資料づくりを具体的に進めることとなります。校内全体で進める学校評価と同様に特別支援学級内でも今年度の評価を行い，課題の明確化，解決に向けた手立ての検討を特別支援学級の教員で一緒に進めましょう。

その手順は，次の☆が参考になります。

☆特別支援学級の教育課程の項目に併せた評価表を作成します。
☆評価表の項目ごとに，今年度の重点にした手立てをキーワードで記載します。
☆項目ごとに検討（KJ法やブレインストーミングなどの手法が有効）します。
☆新たな手立てのなかから現実的で効果の期待できるものを教育課程に記載します。
（効果の薄かった手立てについてはスクラップしましょう。）

1月

教室掲示

書き初めと節分の掲示

本山　仁美

新年の掲示

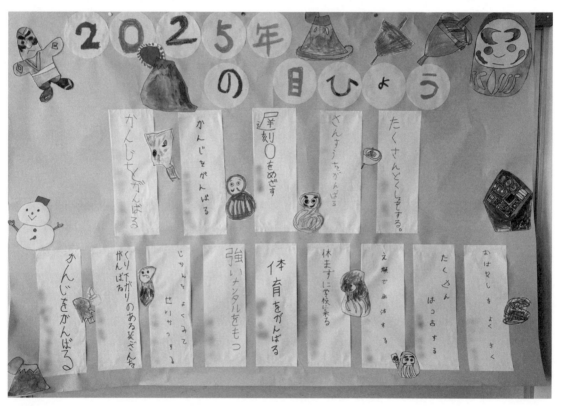

　新年の掲示は，今年の目標と書き初めの掲示をしました。12月に生活単元学習の「日本の文化を知ろう」で，凧揚げや福笑いをしました。また，お正月について調べ学習をして発表しました。その後，それぞれがイメージした羽子板や鏡餅等，お正月のものを絵に描き，新年の目標と一緒に掲示しました。掲示用のラシャ紙に子供が描いた絵を貼ったものは，12月に準備をしました。目標は始業式の日に書き，掲示しました。目標を掲示することで，子供がその目標に向かってがんばることができるようにしていきます。

書初め

3年生以上は,書き初めに取り組みます。書き初めは,どの子供も好きで,ゆっくり丁寧に書くことができました。

1・2年生も書き初めをやってみたいと希望があったので,硬筆の書き初めとは別に,子供の意思を尊重して,色紙に干支を書いて貼りました。

習っていない漢字ですが,力強い線が素敵です。

節分の掲示

1か月ごとに貼り換えをしている学年掲示板。2月は,節分があるので,鬼の顔を掲示しました。

図画工作科の時間に画用紙に鬼の絵を描きました。また,どんな鬼をやっつけたいかも書きました。鬼を貼ったラシャ紙に「みなさんは,どんな鬼をやっつけたいですか」と書き,ポストを設置しました。

通った子供に声をかけると,やっつけたい鬼を書いて入れてくれる子供もいました。少しでも関わりを増やすことを目標として取り組んだ壁面掲示です。

通常の学級の友達が見て声をかけてくれる学年掲示板は,子供のがんばりを発表することができる大切な場所になっています。また,ラシャ紙2枚をつなげて作った掲示は,迫力があり,通りかかる教職員からもたくさん褒めてもらい,子供が達成感を味わったり活動に自信をもったりするきっかけとなりました。

1月

行　事

書き初め展への参加

小島　久昌

　書き初め会と書き初め展について紹介します。また，小学校であれば，硬筆で取り組む1・2年生と毛筆で取り組む3年生以上とに分かれます。また，通常の学級を対象として学年ごとに課題（題字）が定められているのもこの行事の特色です。

書き初め会

　毛筆については，多くの学校が体育館で行っているかと思いますが，硬筆については，教室で行っているかと思います。

❶ 硬筆の書き初め会

　特別支援学級の教室で行っている学級と通常の学級の教室で一緒に取り組んでいる学級とがあるかと思います。

　課題が通常の学級と同じで，同様のスピードで取り組むことができたり，黙々と取り組めたりする場合は，交流及び共同学習として通常の学級の教室で取り組むことを考えてもよいかと思います。

手本を1行ずつ折って台紙の書く部分の真横に置いて視写

　いずれにしても，手本を1行ずつ折って台紙の書く部分の真横に置いて視写しやすい状況を作るなどの工夫を行います。

❷ 毛筆の書き初め会

　普段と異なる環境で，気持ちを新たに書き初めすることを経験する大切な機会です。通常の学級の子供は2単位時間を1人で取り組み，2～3枚書き上げることを求められる場面ですが，特別支援学級の子供の特性に合致しているか慎重に考えたい部分です。

　合致していないと思われる場合は，担当の教員は体育館に残り，子供が順次入れ替わって体育館で書くという設定の方が落ち着いて書き初めに取り組める場合もあるかと思います。その場合は，体育館で書き初めをする子供の順番を決めると同時に，教室で指導をする教員，教室

と体育館の移動を支援する介助員などの指導体制を明確にします。

　慣れた環境の方が落ち着いて書ける場合は，特別支援学級の教室で実施することも考えますが，教室を整理したり，迎春にふさわしいBGMを流したりして環境を整えて実施します。

　書き初めのお題についても，学年が上がれば難易度が上がってきますので，子供の実態に合っているか確認しながら進めることが大切です。

　お題の意味を理解しているか，手指の巧緻性と難易度が合致しているか検討します。練習も含めて数時間取り組む単元になりますので，合致していなければ，本人に合ったお題を選定することも考えます。本人・保護者の意向を確認したり，学校内の共通理解を図ったりしながら進めます。

書き初め展

　体育館で実施する場合と廊下などに展示する場合があるかと思います。また，特別支援学級の子供の作品を特別支援学級としてまとめて展示する場合と各学年に含めて展示する場合があるかと思います。学校全体の掲示計画に則って展示します。展示した作品を各自のタブレットで撮影して持ち帰ることもおすすめします。書き初め展を参観いただけなかった保護者に見ていただくことができるうえに，過去の作品も閲覧できるようになります。

　また，学校として書道展に出品することが多いと思いますが，他にも各自治体などで書道展や展覧会がこの時期に開催されることがあります。賞をいただける場合もあります。そのような機会は少ない子供が多いと思いますので，手続きや出品準備などは必要ですが，積極的に出品するようにします。

2月 1年間のまとめと卒業・進級準備

今月の見通し

大関　浩仁

今月の見通し

学校生活に関わる指導
- 文集づくり，アルバム整理

子供理解
- 1年間の振り返り，反省

交流活動
・交流及び共同学習のまとめ

行事
- 卒業生を送る会への参加
- お別れ遠足の計画と実施

保護者や関係機関との連携
- 年度末の保護者会・保護者面談

その他
- 通常の学級の担任と連携・調整

学校生活

　2月は，年度末のまとめとなる取組や卒業学年（小学6年生）とのお別れに向けた行事等がある月です。1年間の集大成として，文集を作成する学習や集団作品の制作，お別れ遠足など，複数の行事に向けた学習活動を同時進行する学級もあることでしょう。そのために，1週間のスケジュールがタイトになりがちであったり，1日の流れに余裕があまりもてなかったり，全体との関係で急に予定を変更したりなど，慌ただしい学校生活となってしまいがちです。可能な限り，余裕を多めにもった計画となるよう心がけてください。

学級経営のポイント

❶ 各行事と学習のまとめを関連させた指導計画

　1年間の学習のまとめとお別れに関わる各行事に向けた学習内容を別々に取り扱うのではな

く，できるだけ関連性をもたせて学習計画を立てるとよいでしょう。

　一例ですが，「お別れ遠足」（生活単元学習）の単元を進める場合には，しおりによる学習や動画を活用して往復の道路や公共交通機関の様子を見ながらマナーやルールを考える学習があることでしょう。その際は，教科別の指導時間における題材として関連づけて取り扱う工夫が可能です。さらに，実施後の思い出作文を教科別の時間に取り扱い，文集に活用するなど，一連の流れとなるよう計画することができます。

❷ 卒業学年と連携

　卒業式や卒業学年としての行事に向け，卒業学年の通常の学級の担任との共通理解はすでに済ませてあることと思います。

　特別支援学級の担任としては，特別支援学級の子供が見通しをもち，ストレスなく各行事に参加できる計画となっているかという視点をもって，丁寧に確認する必要があります。

　それぞれの活動計画に目を通して，通常の学級とどのように交流を進め，どう参加するのか，保護者に協力をお願いすべきことは何かなど，漏れがないように最終確認をしましょう。また，特別支援学級の教員間における仕事分担についても確認し，必要な調整をしておくことが大切です。

仕事のポイント

　２月は，下旬の頃より個人面談などを設定して，子供の様子について保護者と共通理解する特別支援学級も多いことでしょう。また，３月に作成する通知表に向けて，１年間の学びと成長を一人一人について振り返り，「個別の指導計画」や「個別の教育支援計画」の見直し作業に着手する時期となります。

　それぞれの見直し作業にあたり留意したい点は，次の☆です。

【個別の指導計画】

　☆個別の指導計画に記した各教科等の目標に対する達成度，そのための手立てについて効果を検討し，今後の具体的な目標と手立てを保護者へ提案できるようにします。

　☆個別の指導計画のなかで，本人・保護者へ伝えたい最も伸びている力を明確にします。

　☆個別の指導計画に基づき，家庭で取り組める手立てを提案できるように準備します。

　☆個別の指導計画に追記する目標と手立て等は，通知表の所見内容にも反映します。

【個別の教育支援計画】

　☆個別の教育支援計画が進学先や次年度への引継ぎ資料となるように，医療や関係機関と連携している状況，本人や保護者の願い，重点とする長期目標と短期目標の見直しを進めます（面談等を利用して保護者から聴き取りを行い，活用しましょう）。

2月

教室掲示

特別支援学級作品展の掲示

本山　仁美

特別支援学級作品展の掲示

　校内の子供に向けて，特別支援学級を紹介することにもなる校内作品展の掲示を紹介します。主に図画工作科で作った作品を展示しています。以前は，区ごとの大きな作品展がありましたが，規模が縮小してしまったため，校内で作品展を実施することにしました。

　教室の後ろを展示スペースとし，なるべく多くの作品を貼ることができるようにしました。3日間限定で，20分休みを作品展としました。普段は，交流学習で出かけることが多いので，通常の学級の友達が教室に来てくれることは，とても新鮮で嬉しいようでした。

　いつも使っている教室に来てもらえたことで，自分から進んで作品の説明をしたり，教室内を案内したりすることができました。生き生きとした子供の表情を見ることができ，学校全体に向けた展示の大切さを知ることができました。

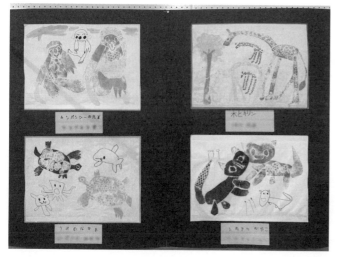

版画は，学年のものができるときには，交流学級の友達と話すきっかけをつくるために同じ題材に取り組むようにしています。時間はかかりますが，台紙となる画用紙に身辺材料を貼りつけて，版を作りました。

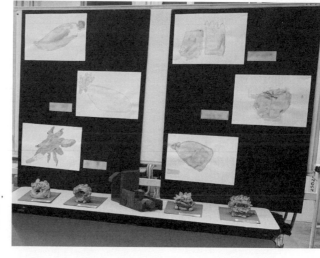

絵の具の練習で描いた絵も展示し，日々の積み重ねでたくさんのことができるようになったと気づけるようにしています。

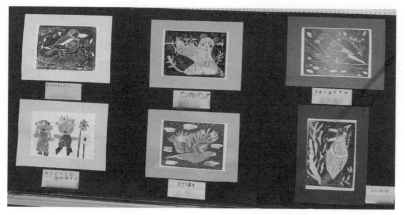

子供のがんばりが多くの友達や教職員に伝わるよう，一つ一つの作品を大切に掲示しました。あたたかい校内作品展になりました。

2月

交流学習

交流及び共同学習のまとめ

倉橋　雅

交流及び共同学習を進めるうえで大切なこと

　私は，特別支援教育やすべての教育活動において，もっとも大切なことは「実態把握」だと考えています。個別の指導計画や個別の教育支援計画を作成するうえでも，単元構成や1時間の授業を組み立てるうえでも，実態把握をして担当する子供の学ぶ姿や変容した姿がイメージできなければ，子供たちが生き生きと学ぶ場を設定することはできません。特に，交流及び共同学習の場であればなおさら，特別支援学級と通常の学級の両方の子供が関わる場面を思い浮かべることが必要であり，そのためには両方の学級の子供の丁寧な実態把握が不可欠です。

適応行動の面では，次のような困難さが生じやすい。

〇**概念的スキルの困難性**
　言語発達：言語理解，言語表出能力など
　学習技能：読字，書字，計算，推論など

〇**社会的スキルの困難性**
　対人スキル：友達関係など
　社会的行動：社会的ルールの理解，集団行動など

〇**実用的スキルの困難性**
　日常生活習慣行動：食事，排泄，衣服の着脱，清潔行動など
　ライフスキル：買い物，乗り物の利用，公共機関の利用など
　運動機能：協調運動，運動動作機能，持久力など
　　　　[特別支援学校学習指導要領解説　各教科等編（小学部・中学部）p.20-21　平成30年3月]

　知的障害の子供たちには，上記のような「適応行動の困難性」があります。これらの困難性を改善・克服を目指す「自立活動」としても，交流及び共同学習はとてもよい学びの場です。人は1人では生きていけません。障害のある子供であればなおさら，将来周りからの支援を受けながら生活していくことになります。まずは学校段階で，特別支援学級から交流学級，交流学年と活動の場を広げ，様々な人と関わりをもつ経験をさせましょう。

交流及び共同学習　チェックリスト

　交流及び共同学習を進めるうえで，実態把握の他には，「どのような力をつけさせたいか」
や子供の教育的ニーズに合わせること，指導と評価の一体化を考えることが大切です。

　下表は，前頁で述べたことをまとめたものです。子供は，当然一人一人実態が異なるため一
概には言えませんが，交流及び共同学習を進めるための目安となります。日頃，先生方が実践
されている取組と担当する子供を思い浮かべながら，チェックしてみてください。

作成・育成	共通	□丁寧な実態把握によりねらいが明確になっているか □どのような力をつけさせたいのか □参加する時間数が1週間の半数を超えていないか
	知的障害	□本人の興味・関心に合う活動や教科になっているか □参加している実感や達成感が得られているか
	自閉症・ 情緒障害	□「社会的スキル」向上のねらいになっているか □活動に見通しをもち，安心して参加できているか
交流学習の 進め方	特別支援学級	□「何のために行うのか」「何を経験させるか」が明確か □環境整備はできているか 　（はじめての場所や人など環境の変化への対応策など）
	通常の学級	□発達の偏りや発達障害に起因する困りがないか □特別支援学級での学びが必要か 　（長期的，転籍が必要な場合は保護者説明と関係機関との連携）
共同学習の 進め方	知的障害	□付き添いの程度や具体的支援を一人一人決めてあるか □評価の仕方や評価者をどうするか共通理解しているか
	自閉症・ 情緒障害	□コミュニケーション面での支援策や準備はしてあるか □単元テストを実施するか，どちらの教室で受けるか
交流学級との 関わり方	子供	□年間を通して日常的・計画的に関わる場を設定したか □子供の個性・特性を生かすことができているか
	教職員	□研修を通して特別支援教育の専門性を深めているか □合理的配慮を学び「障壁」をつくらないよう努めているか

　「参加することに意義がある」という考え方もあります。しかし，折角交流及び共同学習を
行うのであれば，参加だけで満足せず，子供の学びが深まり同学年の友達との関係が広がる場
にしたいものです。

　子供自身が「いつもと違う場所でも落ち着いて参加できた」「緊張したけどみんなの前で発
表できた」「学年の友達と一緒に楽しめた」という成功経験を味わい，積み重ねていくよい機
会です。実り多い活動にするためにも，年間を通した計画性や持続性のある学習計画，特別支
援学級内での支援体制と分担，交流学級担任との打ち合わせといった，事前の準備の出来が鍵
を握ります。交流している場面や子供の成長した姿をイメージしながら，準備を進めます。

第2章　必ず成功する！　12か月の仕事術　165

2月

行　事

卒業生を送る会への参加

小島　久昌

卒業生を送る会

　各学校では，6年生に在校生が感謝の気持ちなどを伝える児童会集会活動として「卒業生を送る会」を実施しているかと思います。4月の「1年生を迎える会」にあるように，特別支援学級も学校のなかの1つの学級として役割を果たすように努力します。

　特別支援学級の6年生は，通常の学級の6年生と共に卒業生の一員として会に参加します。6年間の教育活動で様々な経験があったかと思いますが，この時期に感謝の会や卒業式などもありますので，学年のなかでどのように力が発揮できるか観察しながら進めるようにします。

卒業・進級を祝う会

　卒業式は，在校生代表として学校で定めた学年が参加しますので，特別支援学級の低学年は参加できません。多くの授業や行事で一緒に学習してきた仲間ですので，共に卒業を祝う時間を設定することは有意義であると思います。

　また，通常の学級は学年が上がれば教室配置が大きく変わるなどしますので，環境の変化によって進級の喜びを自然に味わうことができますが，それらが大きく変わらない特別支援学級の子供たちには，例えば学級として「卒業・進級を祝う会」などを設定して進級の喜びを味わう時間を設けることを考えたいものです。

　ここでは，「卒業・進級を祝う会」の1つの例をあげて説明しますが，各学級・学校の特性に応じてアレンジしてみてください。

令和五年度「卒業・進級を祝う会」

一　はじめの言葉
　　思い出のアルバム　第一部
二　「合同移動教室」
　　「プールでの学習」
　　「合同運動会」
　　「運動会」
三　合唱「すてきな友達」
　　思い出のアルバム　第二部
四　「まんまるSHOP」
　　「音楽会」
五　「にこにこパーク」
　　「みなと科学館」
　　「ベースボール」
六　合奏「新時代」
　　思い出のアルバム　第三部
　　「漢字の学習」
　　「むかし遊び」
　　図工「段ボール人形」
　　「新時代」
七　茶道
　　情報「プログラミング」
八　合唱「大切なもの」
　　卒業生のコーナー
　　校長先生のお話
　　おわりの言葉
十九

❶ プログラム

　在校生は，「思い出のアルバム」として，１年間の思い出（できるようになったこと，努力したこと）を覚えて発表します。行事だけでなく，学習単元も内容に含むようにします。覚えて発表するようにして，参観された方の顔を見ながら緊張して発表する経験となるように工夫します。このことは会自体の時間短縮の効果もあります。

　卒業生は，６年間の思い出を原稿を読みながら発表します。また，卒業生の保護者の方にも子育てで苦労したことや喜びにつながったことをお話しいただく時間をつくります。お話いただく保護者は大きなプレッシャーになりますが，後輩の保護者にとって貴重な時間になります。

　また，プログラムの１つとして合唱や合奏を行います。総合的な学習の時間でまとめたことを発表する学習発表会的な内容のプログラムを設定することもおすすめします。

❷ 事前の準備

　学級行事にはなりますが，学校行事と同様に実施要項や単元計画を作成して，担任，講師，介助員などで協力しながら準備が進められるようにします。

　多くの方に褒めていただくことがこの会のねらいの１つでもありますので，学童クラブや就学前にお世話になった施設，PTA役員などにも招待状を出します。

❸ 事前の学習

　「卒業・進級を祝う会」の会場をどこで実施するかにもよりますが，体育館など学校で共有している場所で実施する場合は，練習時間の確保のために調整が必要になります。「思い出のアルバム」は，テーマが重ならないように全体で調整しながら決定しますが，原稿を考えたり，覚えて発表したりする学習は，国語の学習グループで進めます。音楽などの発表は，１学期から計画的に学習を進めておき，この時期は，体育館での立ち位置や楽器の準備などに注力できるようにします。「はじめの言葉」「おわりの言葉」は５年生，司会は４年生など，役割分担を行ってその練習もします。

　場面ごとの練習を行った後，数回の全体を通したリハーサルを行います。司会やマイクの手渡し，移動や立ち位置，手持ちの楽器の片づけなど，一人一人に応じた工夫（目印を色別にしたうえで名前を書いておく，配慮が必要な子供は動線を短くするなど）を行って，教員の支援がない形で全体が進行するように練習を進めます。

❹ 当日の運営

　一人一人の子供の発表内容や楽器の準備の仕方，各担任・講師・介助員の役割分担を明記した「進行表」を用意して，練習の成果が発揮できるように進めます。

第２章　必ず成功する！　12か月の仕事術　167

2月

行　事

お別れ遠足の計画と実施

中里　照久

お別れ遠足のねらい

　お別れ遠足は，長い間一緒に過ごしてきた卒業生と行く最後の校外学習という観点から，行き先や経験する内容について，子供たちの希望を聴くことを考えてもよいでしょう（最終的には教員が決めます）。お別れ遠足が「何のための遠足なのか」ということを考えたり気づかせたりしながら話し合い，折り合いをつけながら希望を絞っていくことで，ねらいを意識した活動となることが期待できます。当日の行動グループについても，卒業生と在校生を組み合わせるなどして，他の校外学習と少しだけ異なる意識を子供たちがもてるような工夫を設定してもよいでしょう。

　また，特別支援学級の校外学習なので，学校で学んだ事柄を日常生活や社会生活の場で生かすという視点は，お別れ遠足でも大切にしたいところです。一人一人の子供が当日の行程を理解し，公共のマナーを守り，交通機関の利用の仕方を知り，必要な金銭を自分で用意できるように事前学習に取り組み，校外の施設等でその力が発揮できるように計画していきます。

行き先や内容の選定（年間行事予定・年間指導計画との関連）

　２月は卒業に向けた様々な行事や学習が予定されています。特別支援学級も同様に慌ただしくなってくる時期なので，学校の年間行事予定や交流学級の行事等をよく確認し，必要となる事前学習の時間が確保できるように，行き先や内容を選定することが重要です。さらに，単元相互の関連（他の教科等の時間に学習した内容とお別れ遠足で行う様々な活動との重なり）が図れるよう，年間指導計画を工夫して立てることも大切です。お別れ遠足に向けた学習内容を精選し，効果的に事前学習が進められるようにしていきます。

事前学習と当日の指導体制

　事前学習の内容は，行き先や活動内容にもよりますが，概ね必要となる事項は次の通りです。

①公道や施設内等を集団で移動する際は，安全面からも，列になって並んで歩くことが大切です。これらは，体育科や日常生活の指導との関連で，日頃から意識して繰り返し指導しておきます。

②公共交通機関の利用については，他の校外学習などで学んだことと関連づけ，軽重をつけながら実際的な場面に焦点をあてて取り組むとよいでしょう。

- 電車（ICの利用，自動券売機での切符の購入法，自動改札機の通り方，乗降・車内マナー）
- 路線バス（バス停での待ち方，乗降の仕方，支払いの方法［IC・現金］，車内マナー）

③行き先や活動内容に応じた学習例は下記の通りです。

- しおりを活用した行程の把握
- 算数の学習と関連づけた金銭の支払い（昼食の支払い・コインロッカーの利用等）
- 施設等で必要となる物品の扱い方
- レストランやフードコートでの入店から退店までの流れの理解
- グループでの話し合い

	お別れ遠足　指導細案（例） T…指導者　C…児童
8:40	学校出発　＊1年生から学年順・背の順・1列で歩行 T1→T4→T3→T5→T6→T2→校長 の順で間隔を空けて歩行指導
9:10	清澄白河駅着　無料パス・IC T1 T4　切符 T2 T3 T5 T6 改札を抜けたら切符は財布へ。 改札を抜けて，奥のトイレの方まで進む。トイレ確認。
9:17	清澄白河駅発　9:12　9:17　9:22　9:28 ↓　＊1・2年(T1・T4)，3・4年(T3・T5)，5・6年(T2)が電車内指導 赤羽橋駅着
9:34	↓　＊1年生から学年順・背の順・1列で歩行 T1→T4→T3→T5→T6→T2→校長 の順に間隔を空けて歩行指導 東京タワー着　外で集合写真（背の順・児童2列） インフォメーション奥に児童待機，トイレ・水飲み，財布・無料パス・IC回収 T2
9:45	施設スタッフから簡単な説明や案内あり
10:00	エレベーターで上へ　ミッショングループごとに活動 ミッション1　スポットを探しながら歩く　Aグループ指導 T2・T6 ミッション2　はがき（スタンプ→投函）　Bグループ指導 T3・T5 ミッション3　お参りをする　Cグループ指導 T1・T4
10:40 11:25	東京タワー水族館　児童トイレ・水飲み 水族館見学　広くないので各自，入口→T2・出口→介助員が交代で 集合（鯉の池の前），トイレ手洗い→地下休憩フロア（昼食）へ
11:30 12:05	座席を確認　ミッショングループごとに食べる　Aグループ指導 T2・T6 ごちそうさま　Bグループ指導 T3・T5 Cグループ指導 T1・T4
12:10	東京タワー出発　芝公園管理事務局へ向かって歩く ＊1年生から学年順・背の順・1列で歩行 T1→T4→T3→T5→T6→T2→校長 の順で間隔を空けて歩行指導
12:25	芝公園到着，集合写真，トイレ，時計の位置を確認
12:30	遊び（全員で遊ぶ　ミッショングループごとに遊ぶ・自由遊び） 本部・校長，公園周りに指導者が立って見守り（当日分担）
13:15	集合，トイレ，水飲み，芝公園出発　財布，無料パス，IC配付 T2 ＊1年生から学年順・背の順・1列で歩行 ↓　T1→T4→T3→T5→T6→T2→校長 の順で間隔を空けて歩行指導
13:32	赤羽橋駅着　無料パス，IC T1・T4　切符 T2・T3・T5・T6 赤羽橋駅発　13:26　13:32　13:38　13:44 ↓＊1・2年(T1・T4)，3・4年(T3・T5)，5・6年(T2)が電車内指導
13:48	清澄白河駅着　トイレ確認
13:55	清澄白河駅発 ＊1年生から学年順・背の順・1列で歩行 ↓　T1→T4→T3→T5→T6→T2→校長 の順で間隔を空けて歩行指導
14:10	学校着　帰校式
14:15	順次下校

また，安全面への配慮からも，当日の動きを想定した細案を作成し，事前の打ち合わせで共有しておきます。

事後学習

学習のまとめとして，日記（絵日記）をかくことが考えられます。また，訪れた場所や内容について紹介する「新聞作り」に取り組むのもよいでしょう。この場合も，相手意識をもって自分の学習を振り返ることが大切です。

2月

保護者や関係機関との連携

年度末の保護者会・保護者面談

五郎丸美穂

年度末の保護者面談〜1年間の成長を振り返ろう〜

　年度末は，「個別の教育支援計画」等をもとに保護者との個人面談を計画することが多いと思います。年度はじめに立てた目標，支援方法に対する評価を行い，保護者と情報共有，意見交換しながら，次年度の方向性を話し合いましょう。

　学年が上がって学習教科が変わったり増えたりする場合（小2生活科→小3理科・社会科など）には，おおまかな学習内容等について説明し，特別支援学級と交流学級，主にどちらで学習するのかを決めておくとよいでしょう。

　特別支援学級や交流学級が複数ある場合，クラス分けについて保護者から要望が出ることがあります。保護者の思いを一旦受け止めつつ，クラス分けはいろいろな側面から総合的に行うため，保護者の要望がすべて叶うわけではないということもやわらかく伝えておきましょう。

　また，保護者面談で話し合ったことを次年度の担任に引き継ぐことも大切です。記録に残すなどして，確実に引き継いでいきましょう。転勤等で次年度に現担任がいなくなる場合には，特にくわしく記載しておきましょう。

学年末の保護者懇談〜大事にしたいポイント〜

○1年間の協力への感謝
○子供の成長，課題についての共有
○保護者の願い
○次年度の生活，学習についての確認
- 目標，支援方法の方向性
- 交流教科（次年度の学習教科についての確認など）
- 学習の進め方，教材の注文の方向性

年度末の学級懇談会～1年間の成長をみんなで振り返ろう～

　保護者と担任，支援員みんなで子供たちの1年間の成長を喜び合える，特別支援学級合同の学級懇談会がもてるといいですね。

　子供たちも参加するお別れ会形式にして，親子で楽しめる会にするのもいいでしょう。子供たちの活動は，生活単元学習や学級活動として事前学習から一緒に取り組むこともできると思います。卒業生へのプレゼントやメッセージを準備するなどして，「卒業を祝う会」として実施するのもよいかもしれません。

　1年間の子供たちの学習，生活，行事での様子を，写真や動画で見てもらうのもよいと思います。最近は，写真や音楽を取り込み，比較的簡単に編集できる動画アプリ等もあります。子供たちの自然な姿を見てもらういい機会になるでしょう。

　あたたかい雰囲気で1年間を締めくくり，次年度へつなげられるといいですね。

前半は子供たちも一緒のお別れ会，後半は保護者と担任の懇談会にしています。

```
たんぽぽ学級　お別れ会について

【前半：保護者、子供たち、先生】
① 歌「にじいろ」
② いすとりゲーム
③ 会食
④ 2～5年生のみんなからプレゼント
⑤ 先生たちからひとこと
⑥ 6年生からひとこと
⑦ 歌「グッデー・グッバイ」
⑧ 思い出DVD
　　～子どもたちは下校～

【後半：保護者、先生】
⑨ 懇談会
　・6年生に対して　お礼・ひとこと
　・今年度の振り返り
　・来年度について
　　　児童数・クラスや教員の見込み・教室配置等
　　　ご理解・ご協力の依頼
```

みんなで上映会。
写真を撮りためておくといいですね。

第2章　必ず成功する！　12か月の仕事術　171

今月の見通し

3月 進学・進級への 期待と意欲

大関　浩仁

今月の見通し

学校生活に関わる指導
- 学級じまい

子供理解
- 指導記録のまとめ
- 個別の教育支援計画の追記

交流活動
- 次年度の交流及び共同学習の立案

行事
- 卒業式への参加

保護者や関係機関との連携
- 次年度へ向けて
  ～進学先への引継ぎ，新入生の迎え入れ準備～

その他
- 次年度への引継ぎ文書の作成

学校生活

　3月には，卒業式や修了式といった大きな学校全体での行事があります。特に，卒業式は，小学校であれば6年間，中学校なら3年間の学校生活修了の節目を飾る大事な儀式として，学校全体で取り組む行事になります。3月になると，すぐに学校全体，学年，個別に練習時間が連日のように設定されます。卒業学年を含め，式典に参加する特別支援学級の子供にとって，本番への見通しをもつ事前学習は大切な機会ですが，そのための交流には多くの時間を割く必要も生じてきます。学級として落ち着いて1年間の集大成に取り組みたくとも，難しい状況もあることに留意しておきましょう。

　その他，特別支援学級として「ありがとうの会」など，保護者等を招待した学習発表会等により，1年間の成果を披露する機会を設定する学級も多いことでしょう。事前準備の学習活動を通じて，進学や進級への期待と意欲を高めてほしいところです。

学級経営のポイント

❶ 1年間の成長の実感

　保護者等を招いた学習発表会などを行うことは，子供が自身の成長を実感し，次への意欲を高める絶好の機会となります。特別支援学級の担任として，子供の実態を十分に加味して発表内容を選定し，見せ方の工夫をしましょう。具体的には，1年間で最も成長した子供の姿を教師がいくつか選び出しておき，そのなかから子供自身が選択できるように働きかけるとよいでしょう。見せ方としては，自分たちのがんばったところなどを子供が説明し，教師による補足（教育的な価値づけ）があると保護者の理解を深めることに役立ちます。そして，発表後には見ていた子からの感想に加えて，保護者からの感想も聴けると，本人の成就感につながります。

❷ 卒業式，修了式への参加意識

　儀式的行事である卒業式では，姿勢の保持や私語を控えて静粛に待つ時間，全体に合わせた動作など，儀式参加の意味を本人なりに理解して参加意識をもって臨まないと苦痛を感じてしまう可能性があります。身近な場面としては，冠婚葬祭に出席する機会もあることでしょうし，社会人になれば式典行事に参加する場面もあるのですから，学齢期の段階から儀式的行事への参加を重ねていくことは，本人にとって大きな意義があります。

　卒業式の事前指導であれば，卒業生には学校からお別れをする式としての意識を高める声かけをし，在校生には，お世話になった卒業生に感謝の気持ちを伝える場であることへの意識をもてるような働きかけを重ねましょう。

仕事のポイント

　1年間のまとめを披露する学習発表会等の単元では，特別支援学級での1年間について，様々な行事や学習活動を子供たちと一緒にじっくりと振り返ります。その際は，教師による一方的な提示となってしまわないよう，子供が出来事を思い起こし，感動を実感できるような工夫をしましょう。

　次の☆などを参考に，子供が楽しんで取り組める活動としてください。

　☆行事ごとに記録しておいた映像や画像，作品を紹介します。

　☆紹介する場面では，クイズ形式（例：〇〇で1番にゴールしたのはだれでしょう？）などの工夫により，子供の想起を促します。

　☆その場でできる内容は，再現（例：運動会の表現活動を実際に演技する）してみる。

　1年間の各場面について，そのときの思いを想起し，楽しみながら取り組めるとよいです。

3月

学校生活に関わる指導

終わりははじまり，学級じまい

大村知佐子

見えない将来ではなく，見える現在を大切に

　学年末に「将来のためだから」と必要以上に厳しくしたり，いろいろなことをやらせすぎたりすると，よい結果を生まないことがあります。卒業や進級を目の前にすると，真面目で子供思いの先生ほど焦ります。「○○ができていない，できないと困るのではないかな」という心配が出てきます。先生の焦りは子供に伝わります。自分はこのままではだめなのではないかという不安が募ります。特に繊細な子供は，楽しみよりも不安が強くなり，前向きな気持ちで新年度を迎えることが難しくなります。「できないこと」より「できること」に目を向け，確実にできるようにすることが求められます。

　私の母は，私に結婚前，茶道を習わせてくれました。母にとっては必要な技能だったようです。礼儀作法のできていない私にきっと焦ったのだと思います。渋々通ったためまったく身につかず，結婚後，その技能を使うことはほとんどありませんでした。今から思えば，母の得意な料理を教えてくれたらよかったなぁと思います。このように，教える方と教えられる方のニーズは，ずれることがあります。先生の願いが子供の願いと一致することは稀です。本人に必要感が出てくるように授業を仕組んだり，本人の希望をよく汲み取ったりすることが大切でしょう。

　特別な支援が必要な子供たちへの支援や指導を行う際には，行動分析や物理的な環境整備など様々な技があります。「作業的なことは立って行うとはかどる，話を聴くときは座って聴くと集中しやすくなる」などの小さなコツがあります。このような人間の行動の仕組みや効率的に教える技を知っていることで，より効果のある指導を行うことができます。これらのコツや技は，あなたに力を与えてくれるでしょう。ぜひ，いろいろな支援方法を学んでほしいと思います。けれども，私は，子供や保護者とよい関係を築き，励まし合い支え合いながら，学習することが最も大切だと思います。子供が「先生，手伝ってください」と言える関係であれば，あなたの一生懸命な支援や指導は，きっと実を結ぶでしょう。子供と過ごす現在を，子供もあなたも笑顔で過ごせる時間を，大切にしてください。

やる気の出る終わり方

　流れのある活動を行う際，終わりを自分で行う方が子供のやる気は高まることが多いです。例えば，「靴下をはく」という行動について考えてみます。①靴下を持つ，②つま先を入れる，③かかとまで伸ばす，④くるぶしまで伸ばすという手順があります。ほとんどできない子供の場合は①，②，③を手伝い，④を自分でやってみようと促します。ほとんどできている子供の場合は，手伝わずに，できない部分だけ手伝うと子供のやる気は高まるでしょう。がんばればできるけれど，心のパワーが貯まっていない子供はどうでしょう。そのような子供もやりはじめを手伝うことで，少しずつ心のパワーが貯まり，最後は自分でできるようになります。子供の様子をよく観察すると，教師がどのような動きをしたらよいのかが見えてきます。

　これは，授業を考える際の，教師と子供の関係にも言えることです。最後は子供たちの手で行うことを目指して，教師が理解を促す手順表や実行を助ける支援ツールを活用していくことで，子供たちはだんだん「自分でできそうだ」と思えるようになり，そこからやる気が出て，自分でやることでできたという達成感をもつことができます。

　私のクラスでは，1年間の最後である3学期，今までに学習してきたことを生かして，子供たちが自分たちで「ありがとう集会」を企画します。友達のことを理解している上学年の子供たちは一人一人に役割を与えてくれます。縦割りグループのよさです。教室を飾るために絵を描いたり，広告のチラシを小さく切って紙吹雪を作ったりする子供もいます。ポイントは「終わりは子供の手で」です。そこでの教師の役割は，事前に子供たちが自分たちで動けるように用具や材料などを準備しておく，子供が困って相談してきたら助ける，がんばっている様子が見られたら褒める，友達との協力が必要な場面で子供同士をつなぐなどです。

　「ありがとう集会」が終わったら，教室の大掃除をします。その年度に使ったものを片づけるとともに，次の年度への準備も子供たちと一緒にします。机の配置を決めたり，新しく入学してくる子供のための机を倉庫から持ってきたりします。

　そして，私が3月の終わりに必ずしていることは「次，何をしたいか」を聴くことです。教師側の事情で言えば，4月になると授業の年間計画を立てる必要があります。その際に子供の意見や願いを取り入れたいからです。子供の側からみると，3月でお別れする人はいるけれど，終わりではないと，次への希望を感じることができます。教師の最も大きな仕事は，子供の願いを叶えることであり，子供がなりたい自分に近づけるように手助けすることです。

第2章　必ず成功する！　12か月の仕事術　175

3月

子供理解

指導記録のまとめ

中嶋　秀一

指導記録のいろいろ

　指導記録は，個人的なメモから公的な文書に至るまで様々なものを含みます。子供理解の手がかりであり，評価の資料にもなります。こまめに記録しましょう。

- 指導記録簿や記録用ノートなど紙に書いたものやPCデータ
- 保護者向けの連絡ノートに記述した日々の成長記録（コピー）
- 学習プリントやワークシート，キャリアパスポート（写真データやコピー），評価メモ
- 図画工作科の作品や作文などの教科学習の成果物（写真データやコピー），評価メモ
- 行事や諸活動の子供の写真データ，評価メモ
- 保護者との教育相談の記録（電話内容の記録）
- 生徒指導上の記録（トラブル等）

　子供の日々の成長は"うれしいエピソード"として連絡ノートに記述し，保護者に知らせて喜びを分かち合いながら，指導記録を蓄積します。記憶だけでは思い違いや混同が起きます。よかったことはどんどん記録化しましょう。

　授業あるいは行事の様子を写真で保存するように，ワークシートや作品なども写真で記録すると便利です。子供がどのようにがんばったのかエピソードを記録したら写真を撮影し，検索しやすいようにフォルダを作成して整理しましょう。また，評価に使用したい写真を子供ごとにピックアップしておくと評価作業を効率的に進めることができます。

指導記録は探しやすく見やすく

　大きな行事や校外学習，体験活動などの指導記録は，事前学習や当日の様子を行事ごとにまとめます。写真や子供一人一人のエピソードは学級通信や学校のホームページにも使うことを考えてフォルダに分けておきましょう。また，教育相談の記録や生徒指導の記録は，PCに保存するだけではなく，印刷して子供の個人ファイルにも保存しておきましょう。PCは便利ですが，紙ファイルの方が閲覧や参照が素早くできる場合も多いのです。

指導記録の集大成としての通知表作成

　通知表の発行は各学校において任意に作成，発行されるものです。特別支援学級では，「個別の教育支援計画」と「個別の指導計画」は学習指導要領において作成が義務づけられています。通知表の内容と項目を「個別の指導計画」と共通することで指導と評価の一体化を図ることができます。また，両者の様式を統一することによって業務の効率化も図ることができます。

　また，文部科学省の通知により，「障害のある児童について作成する個別の指導計画に指導要録の指導に関する記録と共通する記載事項がある場合には，当該個別の指導計画の写しを指導要録の様式に添付することをもって指導要録への記入に替えることも可能である。」となっており，要件の揃った通知表（「個別の指導計画」）は，指導要録を兼ねることができます。

　指導記録を，以下の内容で整理します（「個別の指導計画」の項目に該当）。
○各教科の学習の記録　　　　○観点別学習状況と評価　　　○評定「ABC」「◎○△」など
○特別の教科　道徳の評価（文章記述）　　　○外国語・外国語活動の記録（文章記述）
○総合的な学習の時間の記録（文章記述）　　　○特別活動の記録（文章記述）
○自立活動の記録（目標，指導内容，指導の成果の概要についての文章記述）
○行動の記録（日常生活の指導，学級活動についての文章記述）
○総合所見及び指導上参考となる諸事項（短期・長期目標に関わる成長の文章記述）

評価の視点

　指導の記録や評価作業が膨大になってしまうと，教材作成や保護者対応などの日常業務を圧迫してしまいます。日頃から，評価を念頭に置いた記録の取り方を工夫しましょう。

　授業や行事，学校生活を通して「夢中になって楽しんでいたこと」「努力や工夫が表れていること」など，子供が成長した瞬間を見逃さずに記録していけば，評価の質が高まります。先生が子供の成長を喜び，教師としてのやりがいを感じることができれば，特別支援教育の本分である発達支援はうまくいっているのです。

　評価として指導記録をまとめるにあたり，次の視点がポイントです。
◎学習理解や技能の獲得が成長したことを見る視点（教科の目標や指導内容）
◎障害の程度や特性に関わる発達した姿を見る視点（自立活動や特別活動の目標や指導内容）

　「やったこと日記」の通知表にならないよう，子供の変容が示す意味や価値を認識し，適切な言葉で記述し，記録をまとめていきます。そこには一人一人の子供が発達し，成長してきた姿が浮かびあがります。評価を通して１年間の指導・支援の在り方も振り返りましょう。

第2章　必ず成功する！　12か月の仕事術　177

3月

子供理解

個別の教育支援計画の追記

中嶋　秀一

随時行う追記

　文部科学省の参考様式を例に説明します。以下の場合は，年度途中でも追記や変更をしましょう。

❶ 障害の状態等に関わる追記

　手帳の新規交付や更新に伴う変更があったときは追記します。福祉機関で発達検査を実施する場合があるので，その際は検査結果を所定の欄に追記します。

❷ 検査に関わる追記

　発達検査を受けて，結果が知らされたときは追記します。
※記録は上書きせず，変更履歴がわかるように記録します。

❸ 家庭に関する情報の追記

　住所変更や連絡先の変更は保護者から連絡があり次第，情報を更新します。また，家庭の事情により名字が変更になる場合や家族構成が変わる場合もあります。
※学籍に関わる変更は教務の担当者に伝え，校内で共有します。

個別の教育支援計画の参考様式

【プロフィールシート】

1.本人に関する情報

①氏名	フリガナ		②性別		③生年月日	
④園・学校名				⑤学年・組		
⑥学校長名						

⑦学びの場	□ 通常の学級
	□ 通級による指導（自校・他校・巡回）　障害種別：
	□ 特別支援学級　　障害種別：
	□ 特別支援学校　　障害種別：

⑧障害の状態等	主障害			他の障害	
	診断名				
	手帳の取得状況		手帳（　年　月交付）等級		
			手帳（　年　月交付）等級		

⑨教育歴（在籍年月日）	幼稚園等	園名：	（○年○月○日～○年○月○日）
	小学校段階	学校名：	（○年○月○日～○年○月○日）
		学校名：	（○年○月○日～○年○月○日）
	中学校段階	学校名：	（○年○月○日～○年○月○日）
		学校名：	（○年○月○日～○年○月○日）
	高等学校段階	学校名：	（○年○月○日～○年○月○日）
		学校名：	（○年○月○日～○年○月○日）

⑩検査	検査名		検査名		備考
	実施機関		実施機関		
	実施日		実施日		
	結果		結果		
	資料	□有　　□無	資料	□有　　□無	

2.家庭に関する情報

①住所	〒		②保護者	
③連絡先	☎　　　　（　）		✉　　　　（　）	
	☎　　　　（　）		✉　　　　（　）	
④備考				

❹ 関係機関に関わる情報の追記

　医師の診断の他，OT（作業療法）やST（言語聴覚療法），PT（理学療法），カウンセリングやセラピーを受けている場合は，保護者に内容を聴いて簡潔に追記します。特に学校生活上の配慮や服薬の変更は正確に追記・記録します。

　発達支援センター等の福祉機関や相談機関の利用履歴も随時追記しま

3. 関係機関に関する情報			
①支援を受けた日（期間）	②機関名	③担当者名	④主な支援・助言内容等

4. 備考

す。学校生活上の配慮事項や，有益な支援の情報があれば簡潔に追記します。詳細な内容は指導記録簿などに記録して支援の参考にしましょう。発達検査の結果のコピーなどは，子供の個別ファイルに保管します。放課後等デイサービスなどの変更も追記し，事業所が作成した「個別の教育支援計画」や「個別の指導計画」があれば子供の個別ファイルに保管します。

【支援シート（サポートプラン）】の追記

❶ 成果と課題の追記

　通知表（「個別の指導計画」）に年度末の評価がくわしく書かれています。教科の学習の様子や自立活動の目標（課題）について成長が見られたことを簡潔に転記します。新たに文章を検討し，書き起こす必要はありません。

❷ 目標や手立ての更新

　上記と同様に「個別の指導計画」の関連する内容と照らし合わせ，次年度に向けた目標と手立てを検討しアップデートしましょう。

　3月は，新年度の「個別の教育支援計画」と「個別の指導計画」を作成してしまいましょう。4月は多忙です。着任したばかりの先生より，子供の次なる目標が見える先生が作成する方が適切で効率的です。スムーズな引継ぎと，適切な支援のバトンタッチを準備しましょう。

《個別の教育支援計画の例》

○○小　令和○年度　個別のサポートプラン

児童名：4年　児童　氏名　　記入者：中嶋　秀一　　作成・更新：○年2月

現在の様子（診断、気になること、困り）
・ADHD等の診断なし。衝動的な行動や暴言がある。自己肯定感が低い。
・漢字や計算は得意。物語文や文章問題の読解が難しい。運動が得意。
・友達とささいなことでケンカになることがある。すぐに手が出てしまう。
・基本的な生活習慣、日常生活動作に問題は無し。食べ物の好き嫌いが多い。
・卵アレルギーがあり給食は除去食。アトピー性皮膚炎があり、かゆみ止め使用。
・靴紐やエプロンの紐を結ぶのに時間が掛かる。すぐほどける。

支援に生かすことのできる本児のよさ、この子らしさが発揮できる強み
・身体を動かすことが得意。体育の授業で技が披露できると喜ぶ。
・係の仕事や当番活動に真面目に取り組むので、ほめられると喜び、さらに意欲的に仕事をしてくれる。（自己有用感、自己効力感につなげる）

本人や保護者、担任の願い
【児童】夢は野球選手。体育で頑張りたい。運動会で1位になりたい。
【保護者】本児に合ったペースで学習させたい。可能な範囲で通常の学級に参加させて欲しい。

長期目標（卒業までにできるようになってほしい長期的課題）
【自立活動】言葉で気持ちや考えを伝えるよさを理解し、友達と仲良く協力して活動しようとする態度を身に付ける。（心理的な安定、人間関係の形成）
【生活面】思い通りにならないことがあっても、最後まで諦めず、よりよい方法を試行錯誤して取り組む力を身に付ける。蝶結びができるようになる。
【学習面】自力解決できる内容を中心に取り組み、できることが増えることを実感し、学習に対する意欲を高める。

短期目標	合理的配慮と支援の手立て
・考えを言葉で伝えたり、相手の言葉を受け入れたりするよさを理解して、仲良くできる。 ・学習や係活動を通して自信を付ける。 ・蝶結びができるようになる。	・感情的な時、気持ちを適切な言葉に置き換えて友達との相互理解を促す。 ・活躍できたことを認め、言葉で伝える。 ・紙ファイルの綴じ具を2色の紐に替え、日常的に結ぶ機会を設定する。

成果と課題（9月記入）	成果と課題（2月記入）
・気持ちが伝わる言葉を具体的に指導し、トラブルになった後に友達と分かり合える機会が増えた。 ・体育や当番活動の時、下級生に優しくアドバイスするようになった。 ・紐結び以外にも、手元を注視して作業に集中できることが増えてきた。	・自分の気持ちや考えを言葉で伝えようとする態度が育ち、友達と落ち着いて関わることができるようになった。 ・他者の気持ちを説明すると、「そうだったんだ」と受け止めるようになった。 ・自信をもち、自主的に作業に取り組むようになった。

3月

交流学習

次年度の交流及び共同学習の立案

倉橋　雅

校内研修と自己研鑽

①全ての教師に求められる特別支援教育に関する専門性
○　（前略）いわゆる「社会モデル」の考え方を踏まえ，障害による学習上又は生活上の困難について本人の立場に立って捉え，それに対する必要な支援の内容を一緒に考えていくような経験や態度の育成が求められる。また，こうした経験や態度を，多様な教育的ニーズのある子供がいることを前提とした学級経営・授業づくりに生かしていくことが必要である。
　　　[「令和の日本型教育」の構築を目指して～全ての子供たちの可能性を引き出す，個別最適な学びと，
　　　協働的な学びの実現～（答申）p.65　令和3年1月　中央教育審議会]

　上記資料にあるように，すべての教師には，特別支援教育に関する基礎的な知識や合理的配慮などの理解が必要と，各学校で研修や学習会が実施されています。しかし，通常の学級において「学習面又は行動で著しい困難を示す」小・中学生が8.8％，小学校だけであれば10.4％であることを鑑みると，さらに多様な教育的ニーズのある子供に対する支援や指導の工夫についての研修が必要です。特別支援教育の正しい知識と具体的な支援策，合理的配慮などについて，校内の教職員への周知をはじめ，特別支援学級内での共通理解，保護者との教育相談を行ううえで，自身の研鑽は必須です。次年度の交流及び共同学習を立案するため，まずは校内研修と自己研鑽を行いましょう。SC（スクールカウンセラー）やSSW（ソーシャル・スクール・ワーカー）など，外部講師を依頼するとより専門的な研修になり学びが深まります。下記は，目を通しておくとよい資料の一例です。

○小学校学習指導要領解説（総則編）

○特別支援学校学習指導要領解説　各教科編（小学部・中学部）

○教育支援資料～障害のある子供の就学手続きと早期からの一貫した支援の充実～

○「令和の日本型教育」の構築を目指して～全ての子供たちの可能性を引き出す，個別最適な
　学びと，協働的な学びの実現～

○共生社会の形成に向けたインクルーシブ教育システム構築のための特別支援教育の推進（報告）

○NITS 独立行政法人教職員支援機構（WEB サイト）

将来を見越した取組を

　通常の学級の教師が特別支援教育について学ぶように，特別支援学級の教師も通常の学級の教育課程や学習内容について学び，調べる習慣をつける必要があります。「何年生の何月くらいに，どのような内容の単元があるのか」がわからなければ，年間を通した交流及び共同学習の計画を立てることができません。本章と別の話になりますが，特に自閉症・情緒障害特別支援学級に在籍する子供に履修漏れがあると，受験や進学先，子供の将来の選択肢を狭めてしまいます。次年度の交流及び共同学習の立案についても，長期的な目標を立てて取り組みます。まずは，現在行っている交流及び共同学習について AAR サイクル※で見直しをかけます。子供の変容を見て，「つけさせたい力は身についてきているか」「活動を楽しめているか」「学習に見通しをもてているか」「参加している実感や達成感を得られているか」などを基準にチェックします。あれこれ考えると判断に困るので，基準を 2〜3 個決めて年間を通して随時確認します。最初のうちはうまくいかないと思いますので，PDCA サイクルではなく，やりながら改善していく AAR サイクルの方が合っています。より成長につながる取組を模索します。

　教師側の取組，アプローチも改善していきます。共同学習の教科の幅を広げるのもよいですし，通常の学級担任と特別支援学級担任の交換授業も考えられます。授業はハードルが高いので，例えば，朝の会や読み聞かせの担当を交換したり共同学習で部分的に T1 と T2 を交代したりすることから始めてはどうでしょうか。担任を交換することで，今まで見えなかったことに気づくことができます。これら子供の取組と改善，教師の取組と改善を材料として，次年度にどのような学習活動ができるか，学級や学年のなかでどのくらい過ごすか，どの支援が不要となり自分の力で参加できるかを明らかにしていくと，自ずと次年度のねらいが見えてきます。

　交流及び共同学習のねらいの 1 つに，障害のある子供と障害のない子供が可能な限り共に教育を受けるインクルーシブ教育の構築と推進，障害のある子供の自立と社会参加を見据えた指導の提供があります。障害名で判断しないことや子供の個性・特性を認めること，どの子にもわかりやすいユニバーサルデザインの授業は，交流及び共同学習の場が最適な発信の場です。以下のポイントを参考に，次年度の交流学習の立案を進め，積極的に発信してください。

○校内研修で特別支援教育の理解を深め，インクルーシブ教育を推進する。

○今の取組を AAR サイクルで見直し，選択肢や可能性を広げる。

○特別支援学級担任が普段から率先して通常の学級と関わりをもち，担任交換授業などを通して交流しやすい雰囲気をつくる。

○子供の成長する姿をイメージしながら教科や学習頻度，具体的支援策を考える。

※ AAR サイクル　OECD で提唱されている，Anticipation（見通し)-Action（行動)-Reflection（振り返り）を繰り返す学習プロセス

3月

行　事

卒業式への参加

中里　照久

実態に応じた実施要項の調整

　3月の卒業式に向けた実施要綱（計画）は，多くの場合12月の職員会議で提案されます。特別支援学級担任は，卒業準備委員会に所属するなどして，この提案前のタイミングで打ち合わせに参加し，自校の卒業式における伝統や方針，大まかな流れを確認するようにします。前年を踏襲する流れであったとしても，子供の特性によっては全体の調整が必要になる場合があるので注意が必要です。具体的な調整事項は以下の通りです。

❶ **入退場の順序と座席の位置**

　入退場の順番を，特別支援学級は最初にするのか最後にするのか，または間に入るのかを検討します。座席は，特別支援学級の児童席を設けて教職員席から支援できる場所に配置します。卒業学年担当以外の特別支援学級担任を教職員席のなかでも支援しやすい座席にするなどして，必要があれば素早く支援できるようにします。

> **卒業式の流れ（例）**
> 卒業生入場
> 　1　開式の言葉
> 　2　国歌斉唱
> 　3　学事報告
> 　4　卒業証書授与
> 　5　校長式辞
> 　6　来賓祝辞
> 　7　来賓紹介
> 　8　祝電披露
> 　9　門出の言葉
> 　10　校歌斉唱
> 　11　閉会の言葉
> 卒業生退場

❷ **卒業証書授与（以下証書授与）の順序**

　卒業生台帳（以下台帳）の番号は，特別支援学級の卒業生が最後になることが多いです。台帳番号順に証書授与を行うとなれば，最後に特別支援学級の卒業生が証書を受け取ることになります。校長は，最初と最後の子供にのみ証書の全文を読み上げるため，会場のBGMは消えて静まりかえります。とても緊張感のあるなかで，定められた作法で証書を受け取り，舞台を降り，動線に沿って自席に戻ることが求められます。最後に証書を受け取る子供の実態によっては，特別支援学級の証書授与の順序を変えることも検討します（例えば，1組→2組→特別支援学級→3組等）。

❸ **退場後の集合写真撮影の順序**

　集合写真の撮影については，特別支援学級単独の場合と通常の学級に入る場合とがあり，学

校によって異なります。単独撮影の場合は，大勢の保護者の前で撮影しなければならない特別支援学級保護者の気持ちに寄り添う必要があります。順番を最後にするなどして，会場に誰もいないなかで撮影できるような配慮も考えます。

実態に応じた事前学習

卒業式に向けた全体練習が始まる前に，すでに決定している内容についてはなるべく早く学級で学習を始めます。

❶ 門出の言葉（呼びかけ）

通常の学級の担任と台本の打ち合わせをし，言葉が連続した箇所を担当したり，特別支援学級独自の行事や思い出を台本に盛り込んだりします。

（一部抜粋）	**令和　年度 卒業式　門出の言葉**		

※ ①…1組　②…2組　特支…特別支援学級

29	②	名前	最高学年　6年生
30	②		たくさんの自然と　伝統に触れた　日光移動教室
特支			鹿沼宿泊学習
31	②		日光東照宮では，歴史ある建物に　圧倒されました
32	②		ナイトウォークでの思い出も忘れることができません
33	②		集団生活での責任を学び
34	②		友との友情を育んだ3日間でした
35	②		運動会の表現運動「飛翔」
36	②		友達と教え合い　息を合わせた　フラッグ
37	②		新しいことに挑戦した　マーチング
38	②		努力を重ね　大成功を収めました
39	②		音楽会では　学年全員の心を合わせて練習し
40	②		体育館中に響く音色に　達成感と喜びを感じました
41	②		たくさんの拍手をもらい　胸が熱くなりました
特支			最高学年として　委員会やクラブでも
特支			手本となるように　活動してきました
特支			6年生になり　仕事が増えると同時に
42	①		責任を感じることも　増えました
43	①		仕事で　失敗してしまうこともありました
44	①		そんな時　私たちの隣には
45	①		いつも友達がいてくれました

ます。担当する内容は，子供たちに希望を聴く場合もあれば，その子らしさが表れる内容を担任が割り振る場合もあります。使用する言葉を，本人が大きな声で言い易い言い回しに変更する工夫も行います。全体の決め事（前後のタイミング，スピード，強弱）に沿って指導し，全体練習までには概ねできるようにしておきます。

❷ 歌唱指導

式歌は，音楽専科と6年担任で決める場合が多いです。曲目が決まったら学級での指導を始めます。また，端末を使って練習ができるよう設定し，家庭でも学習できるようにします。

❸ 入退場・卒業証書授与

学年全体で統一する作法を確認します。この内容についての全体練習の回数や時間は少ないので，学級での指導や，全体練習後に体育館に残っての個別指導をします。

当日の指導体制

一人一人の子供に対して，当日の支援がどの程度必要になるかを事前学習の段階で把握しておきます。例えば，証書授与ではどのような支援が必要になるのか（舞台下への教員配置は必要か，床に動線の目印をつける必要はあるか等）を考えます。最後まで式に参加することが難しい子供の場合は，「証書授与と門出の言葉だけ参加する」などの調整を保護者とも連携して行い，途中退出や再入場のタイミングをあらかじめ決めておきます。

第2章　必ず成功する！　12か月の仕事術　183

3月

保護者や関係機関との連携

次年度へ向けて
～進学先への引継ぎ，新入生の迎え入れ準備～

五郎丸美穂

進学先への引継ぎ

環境の変化に弱いことが多い特別支援学級の子供たちの進学の際には，より丁寧な引継ぎが必要です。中学校や高等学校，特別支援学校の特別支援教育コーディネーターや新担任予定者と，現担任が連絡を取り，できれば直接顔を合わせて引継ぎができるとよいですね。

進学先へ引継ぎの際，留意すること（例）

〇「個別の教育支援計画」について
- 年度末の評価，引継ぎ欄などに記入漏れがないか
- 必要な合理的配慮について記載されているか
- 保護者や管理職の確認がとれているか（必要な場合は押印も確認）
- データの保存に注意を払っているか（パスワードをかけるなど）
- だれがどのタイミングで進学先に引継ぐか確認しているか
  （保護者が提出する場合，早めの提出と相談を保護者に勧めるとよい）
- 写しを適切に保存，または破棄しているか

〇「個別の指導計画」の引継ぎ（必要に応じて）

〇その他細かな引継ぎ（必要に応じて）
- 友達との人間関係
- 保護者の配慮事項
- 使っていた実際の教材の受け渡し

〇"入学後も連携をとっていきましょう"という関係づくり
- 連絡担当者の確認

新入生，転籍児童生徒の受け入れ

　新1年生が特別支援学級に入学する場合に加えて，通常の学級や特別支援学校から転籍して特別支援学級に入級する場合があります。次年度から子供たちがスムーズに学校生活を送れるようにするためには，丁寧な引継ぎや受け入れ準備が大切です。

　幼稚園・保育園や小学校等の情報を引き継ぐときは，その子供に関わる可能性の高い特別支援学級担任や校内の特別支援教育コーディネーター等が引き継げるとよいでしょう。転勤等で引継ぎした人が替わる可能性がある場合は，引き継いだことを紙面やデータで残し，新担任や新担当に確実に伝わるようにしておきましょう。

　また入級にあたっては，保護者も不安なことがたくさんあると思います。特別支援学級に入級することが決定した後，学校がその情報を知っていることをオープンにしてもよいタイミングで学校から保護者に連絡を取り，入学，入級に向けて話合いをしましょう。

　校内の特別支援教育コーディネーターとも連携して受け入れ準備を進め，保護者も本人も安心して入学，入級を迎えられるようにしたいですね。

受け入れ準備を進める際，留意すること（例）

○幼稚園・保育園・小学校等（前籍校）からの引継ぎ
- 幼稚園・保育園・小学校等への見学
- 情報交換会等
  （持っていれば）「個別の教育支援計画」の内容確認，受け取り

○1日入学・入学説明会等での配慮・観察
　（必要であれば）スケジュール等の視覚支援，担当教員の配置，特別支援学級の体験等

○保護者，本人との連絡・顔合わせ日の設定
- 家庭の状況や様子
- 保護者の想い等の聴き取り

○入学式の確認
- （必要であれば）リハーサル
- 呼名，動き，子供が落ち着かなくなったときの対応等を想定

> 校内の特別支援教育コーディネーターとの連携が必要です（4月に新担任が行うことも考えられます）。

3月

その他

次年度への引継ぎ文書の作成

小島　徹

「引継ぎ」は何のため？

　私たちにとって大切な役割の1つが「引継ぎ」です。一口に「引継ぎ」と言っても，それは実に多岐に渡ります。みなさんには，特別支援学級の担任として引継ぎをしていくことの意味と責任を感じながら取り組んでほしいです。

　では，何のために引継ぎを行うのでしょうか。いろいろな言い方があるかも知れませんが，一言で言えば「子供たちにとって切れ目のない指導や支援を実現し，学びの連続性を保障するため」ということなのだと私は思います。継続性と一貫性のある指導や支援は，子供たちが安心してがんばるための土台となります。生活環境や学びの場が変わっても，子供たちが安心して日々の生活を送れるよう引継ぎを行っていくのです。

　また，支援に関わる方々との引継ぎや連携を重ねていくことは，子供たち一人一人の「支援のネットワーク」を作り広げていくことにもつながります。実は，この「支援のネットワーク」の充実が子供たちの将来を願うとき，何よりも重要なキーワードになっていくのです。

引継ぎ文書の作成と引継ぎのポイント

　引き継ぎたい事柄や引き継ぐべき事柄については，文書として作成しておくことが大切です。

　文書を作成する過程は，子供たちの様子を客観的に振り返るチャンスとなります。引継ぎで伝え，共有すべき内容を焦点化することができ，引継ぎをし合う双方にとってより有益な資料になります。いろいろな引継ぎ場面がありますが，いくつかの場面について大切にしたいポイントとなることに触れてみます。

❶ 学級の担任間での引継ぎ

　チームとして教育活動に取り組んでいる担任同士ですから，日々絶え間なく確認や相談，そして引継ぎを行っているので，子供たちの状況はわかっているはず……。とは言うもののクラスや学習グループ，生活班などを編成し，それぞれ担当を担いながら学習活動を進めていると，

担当以外の子供たちのことが見えにくくなってしまうこともあります。学期や年度が替わり，担任や担当が替わっても切れ目なくスムーズな指導・支援が行えるよう明文化されたツールがあると心強いものです。「支援引継ぎシート」のようなものを活用してもよいでしょう。また，通知表等の学習状況と評価の記録や生活の記録，そして個別の指導計画等が担任同士の重要な引継ぎ文書となります。まずは，これらをしっかりと作成し，常に担任間で引継ぎを行い，共有していくことが重要です。これができていないようでは，外部への引継ぎが心配になってしまいます。まずはチーム力を高める引継ぎと共有が大切です。

❷ 校内での引継ぎ

校内での引継ぎも大切です。交流及び共同学習を進めていくうえで，交流学級の担任と情報共有をし，次学年でどのように進めていくかについて文書を作成しておくことが大切です。知的障害特別支援学級でも同じですが，特に自閉症・情緒障害特別支援学級に在籍する子供の場合，通常の学級の各教科の学習に参加することも多くなる場合があります。通常の学級への転学措置を見据えて多くの時間を通常の学級で活動する場合もあります。学校行事等での状況等も含め，次年度につながる資料を作成していきましょう。その際，特別支援教育コーディネーターや管理職と共有をしておくことも大切です。

❸ 進路先・転学先への引継ぎ

指導要録等ももちろん引継ぎのための文書となりますが，やはり中心となるのは「個別の指導計画」と「個別の教育支援計画」です。これらは，子供たちの実態，教育的なニーズと目指す姿，1年間の指導と支援の状況，そして変容をもとにした評価と今後に向けた課題などを事実の記録を基にしてまとめていくものです。進学や転学による学びの場や生活環境の変化が子供たちにとって不安感ではなく，期待感となって膨らませられるよう，これらの文書を活用しながら引継ぎをしていきましょう。

❹ 関係機関等への引継ぎ

引継ぎと共有をする関係機関には，医療，福祉，療育，教育相談等，様々な部門が考えられます。それぞれの部門のニーズに応えていくための内容を優先して文書を作成していきます。「個別の指導計画」と「個別の教育支援計画」には必要となる情報が盛り込まれているはずですから，それを基に関係機関のニーズに応じた内容で文書を作成していきましょう。

近年，例えば放課後等デイサービスや民間の療育機関等の担当者と個別の指導計画を基にして引継ぎや情報共有をしていくこともあります。これからさらにニーズが増えることも考えられます。

【執筆者紹介】　＊執筆順

前田　三枝	神奈川県川崎市立小杉小学校
長田　尚子	東京都世田谷区立多聞小学校
美馬　景子	東京都世田谷区立多聞小学校
中嶋　秀一	学校法人国際学園　星槎もみじ中学校 （元公立小学校特別支援学級担任）
喜多　好一	編著者
本山　仁美	埼玉県さいたま市立南浦和小学校
大村知佐子	富山市立五福小学校
倉橋　　雅	北海道札幌市立澄川小学校
森川　義幸	熊本市立力合西小学校
後藤　清美	東京都文京区立駒本小学校
小谷野さつき	東京都港区立青山小学校
五郎丸美穂	山口県岩国市立麻里布小学校
小島　　徹	東京都多摩市立東寺方小学校
小島　久昌	元東京都公立小学校特別支援学級担任
中里　照久	東京都墨田区立中和小学校
大関　浩仁	編著者

【編著者紹介】

喜多 好一（きた よしかず）

東京都江東区立豊洲北小学校 統括校長

大関 浩仁（おおぜき ひろひと）

東京都品川区立第一日野小学校 校長

東京都品川区立第一日野幼稚園 園長

特別支援教育の実践研究会

（とくべつしえんきょういくのじっせんけんきゅうかい）

『特別支援教育の実践情報』を刊行している

〔本文イラスト〕オセロ すずき匠

＊本書で紹介している外部へのリンクは刊行当時のものです。

はじめての〈特別支援学級〉12か月の仕事術

小学校 知的障害特別支援学級

自閉症・情緒障害特別支援学級

2025年3月初版第1刷刊	©編著者	喜 多 好 一
		大 関 浩 仁
		特別支援教育の実践研究会
	発行者	藤 原 光 政
	発行所	明治図書出版株式会社

http://www.meijitosho.co.jp

（企画）佐藤智恵（校正）nojico

〒114-0023 東京都北区滝野川7-46-1

振替00160-5-151318 電話03(5907)6703

ご注文窓口 電話03(5907)6668

＊検印省略 組版所 朝日メディアインターナショナル株式会社

本書の無断コピーは，著作権・出版権にふれます。ご注意ください。

Printed in Japan ISBN978-4-18-160241-3

もれなくクーポンがもらえる！読者アンケートはこちらから

いるかどり 著

特別支援学級の教室環境&アイテム

子どもの「できた！」が増えるアイデア集

1471・A5判・144頁・定価2,310円（10%税込）

子どもの困りが成功体験にかわる環境サポート

特別支援学級の担任になったら、まず、はじめに読みたい1冊。苦手さのある子ども達が安心して過ごせる教室レイアウト、季節を感じる壁面製作、学びやすくなるグッズのアイデアが満載！子ども中心！子どもが自分でできるようになる環境でそっとサポート。

- 新学期スタート
- 教室レイアウト
- 机と椅子
- 個人のスペース
- 見通し
- 季節感
- 学習
- 家庭学習と提出
- 収納
- 年度末

に分類してアイデアを掲載

クラス全体にむけたユニバーサルデザインか個別の合理的配慮かがわかる！

指導・支援のポイントや留意点など支援の要所がわかる！

とってもビジュアル！フルカラー！一目でわかるその工夫！

明治図書

携帯・スマートフォンからは **明治図書ONLINE**へ　書籍の検索、注文ができます。▶▶▶

http://www.meijitosho.co.jp ＊併記4桁の図書番号（英数字）でHP、携帯での検索・注文が簡単に行えます。

〒114-0023　東京都北区滝野川7-46-1　ご注文窓口　TEL 03-5907-6668　FAX 050-3156-2790

はじめて知って一生役立つ 学べる雑誌

発達に遅れや偏りを持つ子供たちの「できた!」の笑顔に出会うための指導アイデアや実践事例をえりすぐって掲載!学びの連続性やインクルーシブ教育システムの充実など特別支援教育の課題を、幅広い視点でとりあげます!

祝! 2025年より月刊誌

特別支援教育の実践情報 2025年4月号 No.225

1年目から1年間を見通せる **特別支援教育スタートガイド**

- 4月号特集 1年目から1年間を見通せる 特別支援教育スタートガイド
- 5月号特集 もっと学びたくなる 国語・算数・SSTのゲーム・遊び
- 6月号特集 こどもが主語の特別支援教育 ちょっと背中を押す支援

注目の新連載

子供とのかかわりを変える 言葉選びのコンセプト・メイキング
川上 康則
東京都杉並区立済美養護学校 主任教諭

ホワイトボード・ミーティング®でつくる「個別の指導計画」
ちょんせいこ 株式会社ひとまち代表取締役
田中 雅子 北海道教育大学釧路校准教授

知的障害者用教科書−星本−を活用した授業実践
加藤 宏昭
文部科学省初等中等教育局 特別支援教育課 特別支援教育調査官

他にも! ▶ 心理学的テクニックを活用した子供の課題解決アプローチ(小西 一博)
▶ 学びの土台を育む運動あそび(堂面 勝哉)

雑誌DATA

『特別支援教育の実践情報』
毎月12日発売/B5判/74ページ
特別支援教育の実践研究会編
是枝 喜代治(代表)/宮崎 英憲/朝日 滋也/大関 浩仁/
喜多 好一/西川 諭/三浦 昭広/横倉 久/米谷 一雄
+ゲスト

続けて読むなら定期購読がお得!

- **年間購読料金が2カ月無料!**
  年間購読12冊を10カ月分の料金でお届けします。続けて読むなら断然お得です!
- **電子版も無料で購読できる!**
  定期購読されている雑誌・月号に限り購読できます。
- **毎号発売日に送料無料でお届け!**
  発売日にお届けしますので、買い忘れの心配がありません。

明治図書 携帯・スマートフォンからは **明治図書ONLINE** へ 書籍の検索、注文ができます。▶▶▶

http://www.meijitosho.co.jp *併記4桁の図書番号(英数字)でHP、携帯での検索・注文が簡単に行えます。

〒114-0023 東京都北区滝野川7-46-1 ご注文窓口 TEL 03-5907-6668 FAX 050-3383-4991